教育社会学研究

第 113 集

2 0 2 3

日本教育社会学会編

目　次

論　稿

研究レビュー

書　評

論　稿

「グローバル人材」とは誰か？
——シンボリック・バウンダリーの視点から——

太田　知彩

【要旨】

　本研究の目的は，シンボリック・バウンダリーの視点から，「グローバル人材」が自身や集団をどのように定義・認識し，集団としてのメンバーシップをいかなる基準で設定しているのかを明らかにすることである。

　先行研究では「グローバル人材」の定義や要件をめぐって，留学経験や語学力といった「客観的」な側面から多くの批判が寄せられてきた。しかし，「グローバル人材」の当事者が「グローバル人材とは誰か」という問いをいかに捉えているのかという「主観的」な側面については明らかにされてこなかった。

　そこで，本研究では44名の「グローバル人材」へのインタビュー調査によって，以下の四点を明らかにした。第一に，「グローバル人材」は「普通の大学生」や「エリート」との間に「やりたいこと」というバウンダリーを形成している。第二に，「グローバル人材」内部では「やりたいこと」というバウンダリーによって序列が形成されている。第三に，「やりたいこと」は「正統から外れる」ものであることが望ましく，「交換留学」や「標準的なルート」は評価されない。また，それは「社会貢献」との接続が理想視されている。第四に，こうした条件を満たせるかどうかには，家庭環境やジェンダーが関わっている。

　以上から，「グローバル人材」はこうしたシンボリック・バウンダリーを形成することで，集団の外部との間に，また，集団の内部においても差異を生み出していることを指摘した。

　キーワード：グローバル人材，シンボリック・バウンダリー，やりたいこと

立教大学

1. 問題設定

　経済活動および労働市場のグローバル化を背景として，近年の欧米や東・東南アジア諸国の研究では，留学はグローバル化時代の高階層家庭の再生産戦略として位置づけられるようになった（Brooks & Waters 2013）。2000年代初頭に普及していった大学ランキングにより高等教育機関がグローバルな次元で序列化されるなかで（Marginson 2008），「ワールドクラス」の大学へ留学することが重要視されている（Findlay et al. 2012）。留学を通じて様々な人的資本を獲得したこれらの学生は，世界を自由に動き回りながらグローバル経済から最大限の利益を獲得していく「トランスナショナルな資本家階級」（Sklair 2001）や「グローバル・エリート」（Mazlish & Morss 2005）となっていく。

　一方，2000年代以降，日本人留学者数の減少とグローバル経済への適応という課題に直面していた日本社会とくに産業界は，大学に対して「グローバル人材」の育成を要請するようになった（吉田　2014）。その結果，2000年代後半以降，文部科学省の競争的資金を利用して，日本人学生の海外留学促進を目指したグローバル人材政策が立て続けに展開されていった。

　こうした動向に対して，先行研究では，政府やメディアが掲げる「グローバル人材」の定義や要件をめぐって数多くの批判が寄せられてきた（吉田　2014，五十嵐・明石編　2015，Kato 2016，恒吉　2016など）。たとえば，吉田（2014，p.36）は，グローバル人材育成とは「日本企業のグローバル化を，日本人に期待して達成するという論理」に基づくものであり，「グローバル人材とは，結局のところ海外留学経験があり英語が話せる者」にすぎないことを指摘している。また，日本の「グローバル人材」言説の特徴として国家主義・男性中心主義・企業中心主義・階層主義という四点を挙げたKato（2016）は，「グローバル人材」とは，実質的には，日本の大手企業のグローバル化を牽引することを期待された難関大学出身の若年男性であることを指摘している。実際に，近年のグローバル人材政策を背景として留学機会の大学階層間格差が拡大していることを踏まえると（太田　2021），特定の層に対する教育機会の集中的な提供によって日本社会（経済）を牽引する人材を育成するという点において，「グローバル人材」はエリート主義的様相を帯びているといえる。

　しかし，これまで政府や産業界，研究者がそれぞれの立場性をもとに「グローバル人材」を外在的な視点から議論してきた結果，「グローバル人材とは誰か」とい

う問いは，留学経験や語学力，国籍や学歴といった「客観的」な側面に終始しがち
であり，「グローバル人材」として位置づけられている当事者が，自身や集団をど
のように定義・認識しているのかという「主観的」な側面については検討されてこ
なかった。つまり，「グローバル人材」の当事者が「グローバル人材とは誰か」と
いう問いをいかに捉えているのかという点ついては明らかにされてこなかった。だ
が，近年のグローバル人材政策では「グローバル人材」としてのコミュニティや
ネットワーク形成が意図されており，集団におけるメンバーシップを得ることが重
要になっているなかで，集団としてのメンバーシップは，留学経験の有無や語学力
といった「客観的」な側面のみによって決定されるわけではない。

　以上を踏まえ，本研究では，現代の日本社会において「グローバル人材」として
期待されている人々が，自身や集団をどのように定義・認識し，集団としてのメン
バーシップをいかなる基準で設定しているのかを明らかにすることを目的とする。

　なお，この作業は，なぜ格差が再生産されるのかという教育社会学における重要
な問いを，先行研究とは異なる視点から検討する試みでもある。近年の教育社会学
において，格差の実態やメカニズムの解明は重要な課題となっており，なかでも不
安定なライフコースをたどる若年層や社会階層上不利な立場にある者の実態を経験
的に明らかにした研究が数多く蓄積されている（堀　2018）。

　しかし，格差が再生産されるメカニズムは，不利な立場にある者ばかりに焦点を
当てていても十分に明らかにすることはできない。なぜなら，格差は，エリートや
社会階層上有利な立場にある者によって生み出され，また強化されるものでもある
からである。それにもかかわらず，日本の教育社会学において，社会階層上有利な
立場にある者がいかにその地位を獲得し，それを正当化していくか，という問いは
十分に検討されてきたとは言い難い。もちろん，経済的・文化的に恵まれた保護者
の教育戦略という観点から，格差が生み出されるメカニズムを指摘する研究は一定
数存在する（天童・多賀　2016）。ただし，そうしたアプローチでは，教育達成や
地位達成の過程において当事者である子どもや学生が社会的地位を獲得・正当化す
る様相については検討することはできない。格差が再生産されるメカニズムを理解
するためには，社会階層上有利な立場にある人々がいかに自らの特権性や希少性を
正当化しているのかを検討することが重要である。

　こうした問題意識のもと，本研究では，グローバル化時代の現代日本におけるエ
リートとしての「グローバル人材」を事例として，かれらが自身や集団をいかに定
義・認識しているのかを分析していくことで，格差が再生産されるメカニズムに迫

りたい。

　本研究の構成は以下の通りである。次節では「グローバル人材」の集団としての
メンバーシップを捉える視点として「シンボリック・バウンダリー」を提示し，3
節では調査の概要を示す。4-6節では「グローバル人材」内外の人々に対する認識
をシンボリック・バウンダリーの視点から検討し，終節で議論のまとめと考察を行
う。

2.　分析の視点

　本研究では，「シンボリック・バウンダリー」（Lamont 1992）を分析の視点とし
て，「グローバル人材」が自身や集団を定義・認識する際の特徴を明らかにしてい
く。シンボリック・バウンダリーとは，人々が自己と他者の間に設定する主観的境
界線を指し，ある人々や集団を定義・分類する際の基準となるものである
（Lamont 1992）。アメリカとフランスにおけるアッパーミドルクラスの男性にイン
タビュー調査を実施したLamont（1992）は，「かれらにとって価値がある人々は
どういう人か」という問いを，シンボリック・バウンダリーの視点から分析した。
その結果，①誠実さや労働倫理，清廉さのような道徳的性格を基準とした「道徳的
境界」（Moral boundaries），②富や権力，職業的成功のような人々の社会的位置を
基準とした「社会経済的境界」（Socioeconomic boundaries），③教育や知性，マ
ナー，テイスト，ハイカルチャー嗜好などを基準とした「文化的境界」（Cultural
boundaries）という三つの基準（Lamont1992, p. 4）が存在すること，そして人々
のシンボリック・バウンダリーの基準は，対象者の資本の保有状況や社会的軌道，
あるいは地域性といった社会的背景によって異なることを明らかにした。こうした
シンボリック・バウンダリーは類似性やメンバーシップの感覚になると同時に他者
を排除する際の基準ともなるため，不平等の生成や権力の行使において重要な役割
を果たす。したがって，人々が自身や集団を定義し，他者と区別する境界を設定す
る方法とその社会的影響を理解することは，今日，我々が直面している重要な課題
の一つであると理解されている（Lamont & Molnar 2002）。

　本研究にとってシンボリック・バウンダリーを分析の視点として使用する利点は
次の二点である。第一に，「グローバル人材とは誰か」という問いをめぐって，当
事者の定義や認識に注目する視点を得ることができる。シンボリック・バウンダ
リーの視点から分析するということは，人々が「付き合いたくない人，自分が優れ
ていると思う人，劣っていると思う人，嫌悪感，無関心，共感を抱く人などを抽象

的，具体的に表現するときに使うラベル」に注目することを意味する（Lamont 1992, p.xvii）。本研究では「グローバル人材」が集団内外の人々について言及する語りをシンボリック・バウンダリーの視点から分析することで，かれらが自身や集団を定義・認識する際の特徴を明らかにしていく[1]。第二に，「グローバル人材」をめぐる特権性や排他性を理解するための手がかりを提示できる点である。先にも述べた通り，シンボリック・バウンダリーとは，集団としてのメンバーシップの基準として特定の集団内部で重要視されている規範であると同時に，他者を排除する際の基準でもある。つまり，「グローバル人材」がいかなるシンボリック・バウンダリーを形成しているのかを問うことで，「グローバル人材」という集団の内部と外部の関係性の力学に焦点を当てることが可能となる。

　なお，いかなるシンボリック・バウンダリーが形成されるかは，対象とする集団やそれを取り巻く社会的文脈によって異なる。そのため，本研究では Lamont (1992) が指摘した三つのシンボリック・バウンダリーを踏襲するのではなく，「グローバル人材」の語りのなかで立ち現れるシンボリック・バウンダリーを検討していく。

3.　調査の概要

　筆者は，2021年7月から10月および2023年2月から現在にかけて，「トビタテ！留学 JAPAN 日本代表プログラム」（以下，トビタテ）の参加者（以下，トビタテ生）合計44名（20〜29歳）に対してインタビュー調査を実施した。このうち，留学予定者が5名，留学経験者が39名であり，研究参加者はスノーボールサンプリングにより選定した。また，インタビューでは「留学までの経緯」「留学中の経験」「留学とキャリア」「トビタテに対する認識」を中心的に尋ね，これらに対して自由に回答してもらう半構造化インタビューを実施した。インタビュー所用時間は1人あたり約2時間から4時間であり，対面または Zoom を用いて実施した。

　研究参加者の概要は表1の通りである[2]。研究参加者の両親学歴が概して高くなっている点は，高階層の子どもほど留学志向や留学経験を有しているという En-trich & Fujihara（2022）の知見とも整合的である。なお，調査を進めていく中で，シンボリック・バウンダリーの形成や受容は職業や階層といった個人の諸属性とも関連しており，集団としての重層性を形成する要因となっていることが明らかになった。そのため，本研究では可能な限り様々な属性を持つ研究参加者を事例として取り上げ，それらの属性の違いを踏まえながら分析を進めていく。

表1 研究参加者の概要

No	仮名	性別	本人職業・業種	父学歴	母学歴
1	ダイキ	男性	広告業	大卒	短大卒
2	コウヘイ	男性	外資系IT	大学院卒	大卒
3	ユカコ	女性	大学生	大卒	大卒
4	アリサ	女性	大学生	大卒	大卒
5	ユウタ	男性	航空業	大卒	短大卒
6	ナオキ	男性	外資系IT	大卒	大卒
7	トモコ	女性	航空業	大卒	専門卒
8	シオリ	女性	大学生	大卒	専門卒
9	コウスケ	男性	大学院生	修士中退	博士中退
10	マミ	女性	外資系コンサルタント	中卒	短大卒
11	ケイスケ	男性	会社経営	大卒	大卒
12	ミヅキ	女性	大学院生	大卒	大卒
13	マサキ	男性	大学院生	大卒	大卒
14	ナナ	女性	大学生	大卒	大卒
15	サトシ	男性	大学法人	（別）	短大卒
16	ユミコ	女性	メーカー	大卒	大卒
17	ハルカ	女性	外資系IT	博士	大卒
18	サキ	女性	コンサルタント	大卒（別）	大卒
19	カズキ	男性	システムエンジニア	中卒	高卒
20	ユイカ	女性	フリーランス	大卒	短大卒
21	ミナミ	女性	メーカー	大卒	短大卒
22	ショウタ	男性	大学生	高卒	高卒
23	ヨウスケ	男性	大学生	博士	専門卒
24	リョウ	男性	国際機関	大卒	大卒
25	ナツミ	女性	メーカー	高卒	大卒
26	タカヒト	男性	外資系ITコンサルタント	大卒	大卒
27	ノリコ	女性	デザイン業	大学中退	中卒
28	メイ	女性	大学生	大卒	大卒
29	レン	男性	農林水産業	高卒	専門卒
30	コハル	女性	農林水産業	高卒	高卒
31	リン	女性	コンサルタント	大卒	大卒
32	サクラ	女性	国際開発コンサルタント	大卒（別）	大卒
33	ハナ	女性	メーカー	大卒	大卒
34	アユミ	女性	教育業界	高卒	専門卒

No	仮名	性別	本人職業・業種	父学歴	母学歴
35	ツバサ	男性	大学生	高卒	短大卒
36	ナナミ	女性	建築業	大卒	大卒
37	ワカナ	女性	コンサルタント	大卒	短大卒
38	イツキ	男性	総合商社	大卒	短大卒
39	タカシ	男性	大学生	高卒	高卒
40	マサト	男性	大学院生	高卒	高卒
41	サヤカ	女性	大学生	大卒	大卒
42	アツシ	男性	大学院生（博士課程）	大卒	大学院卒
43	タクミ	男性	大学教員	大卒	大卒
44	フミヤ	男性	大学院生（博士課程）	大学院卒	大学院卒

※（別）は離別または死別を指す。

　トビタテとは「2014年からスタートした官民協働で取り組む海外留学支援制度」であり，「意欲と能力ある全ての日本の若者が，海外留学に自ら一歩を踏み出す機運を醸成すること」，そして「支援企業と共にグローバル人材コミュニティを形成し "産業界を中心に社会で求められる人材"，"世界で，又は世界を視野に入れて活躍できる人材"」を育成することを目的としている（文部科学省　2021）。つまり，トビタテは「『少数の学生』への絞り込みを志向する」ものであり，「経済・産業界によるエリート的かつ実践的な留学観」が表出されている（小林　2020，p.226）。

　「グローバル人材コミュニティ」という言葉が示すように，トビタテではトビタテ生相互の，さらには産業界とのネットワーク形成が目指されており，トビタテ生限定の SNS グループや同窓会組織も存在している。具体的な活動内容として，たとえば，事務局が企画する事前・事後研修では，留学やトビタテに関する制度的な説明のほか，大手企業役員や起業家による講演，小グループに分かれたディスカッションや自身の留学や人生を振り返るワークなどが実施される。このほかにも，自主的な専門分野の勉強会や就職活動の相談会，さらにはトビタテ生や企業人事とのネットワーキングなど様々なイベントが頻繁に開催されている。本研究が年齢や出身大学，留学形態などが異なる44名から研究協力を得ることができたのも，こうしたコミュニティに拠るところが大きい。

　このように，トビタテでは「グローバル人材コミュニティ」という集団性が重要視されている。実際に，「トビタテでよかったことって何だろうって言われたら，

コミュニティって答えるぐらいコミュニティがよかった」と語るナナミのように，研究参加者の語りにおいてもコミュニティの重要性は頻繁に強調されていた。ただし，コウスケが，トビタテは「能動的じゃないと活用できない組織」であり，自分からその輪に「入ろうとしていない人たち」は「意識高い人とその他のその他」になってしまうと指摘するように，コミュニティへの関わり方は一様ではない。なかには「トビタテに近寄りたくない」と述べるメイのようにコミュニティから距離をとる研究参加者も存在した。つまり，トビタテという集団は重層性を帯びており，そのメンバーシップは「トビタテ生であること」のみによって満たされるわけではない。

　ところで，太田（2022）は，トビタテ生の留学動機が地位達成ではなく自己実現に基づいていることを，こうしたコミュニティと関連づけながら指摘している。しかし，そこではトビタテ生を「グローバル人材」の典型例として自明視している点，「グローバル人材」が産業界からの要請に基づいたものであるにもかかわらず，留学後のキャリアに焦点が当てられていない点に課題が残されている。そこで，本研究では，筆者が研究参加者やトビタテ生を「グローバル人材」としてアプリオリに指定するのではなく，トビタテ生の語りのなかで立ち現れるシンボリック・バウンダリーに注目することで，そうした「集団らしさ」を留学後のキャリアにまで射程を広げて分析していく[3]。

4.　「やりたいこと」というバウンダリー

4.1.　トビタテ外部とのバウンダリー

　「多くの人がトビタテ生って聞いたらなんかすごいねみたいな印象はあったのかなって思うし，私もそれに引き込まれた一人」と語るマミのように，研究参加者のトビタテ生に対する認識は，かれらがトビタテに応募した経緯を語る際に提示される。たとえば，ナナは，トビタテに応募した経緯について，「友達」や「普通の大学生」は「自分の夢」や「将来やりたいこと」，「目標」のある人が少ないことを引き合いに出し，「目標がある子たちと一緒に何かをやってみたい」と述べている。

ナナ：やっぱりあのー友達［同級生や地元の子］と喋ってても自分の夢があるとか，将来こういうことをやりたいとか，目標を高く持ってる子ってあんまりいなかったんですね。それってたぶん普通の大学生そんな感じかなと思うんですけど，なんかそういう，目標がある子たちと一緒に何かをやってみたいなって。

　ナナの語りに典型的なように，研究参加者は「やりたいこと」というバウンダ

リーを設定し，興味・関心や夢，目標といった内発的欲求に基づいた行動規範を自身や集団の特徴として語る。ナオキが「結構明確にやりたいことがあるっていうような人は多かった」と述べるように，ほぼすべての研究参加者が自身の留学やトビタテ生の共通点を語る際に「やりたいこと」に言及していた。

　ただし，かれらは，「やりたいこと」の有無をトビタテ生とそうでない人々との差異として言及することはあっても，それらを何らかの優越性や序列を含むものとして語ることには慎重な姿勢を示していた。こうした優越性の否定は，以下の引用にあるように，とくに「（グローバル・）エリート」について尋ねた際に表出される。

　　ミヅキ：個人的にはそのトビタテが出している像っていうのはなんかあんまり私にはあんまあわないなとは思っていて。そのなんか世界を引っ張っていくんだ，みたいな，なんかそういうのではなくて，私は純粋にやりたいことをやりたいなって思ってるだけなので。…エリートになるために頑張ろうっていう動機はあんまり私にとってはそんなにないなと思っていて。

　ミヅキは，自身について，「エリートになるために頑張ろうっていう動機」ではなく「純粋にやりたいことをやりたいなって思ってるだけ」であり，「グローバル・エリート」や「グローバル人材」といった「トビタテが出している像」に自身は「あわない」ものであると述べている。同様に，ユウタは自身の想定する「エリート」として「今ある教育の中で非常に高いレベル」の「東大生」や「官僚」を例示した上で，トビタテ生をそれらと対比させながら「ほんとにとんがってる人」や「自分の興味あるところでそれを突きつめてる」人として語っている。

　　ユウタ：えっと，たぶん僕が感じたのは，トビタテ生はエリートっていうよりは，なんかほんとにとんがってる人，が結構多いなっていうことで，たぶんエリートっていう言葉だと，まあそのいわゆる今ある教育の中で非常に高いレベルの，それこそ東大生とか，なんかまあ官僚とかそういった人だと思うんですけど，そうじゃなくてなんか，自分の興味あるところでそれを突きつめてるっていうような，そういった人が多いっていう印象でしたね。

　このように，かれらは「（グローバル・）エリート」や「東大生」といった社会経済的地位の高さを表す語に対して「やりたいこと」というバウンダリーを形成することで，外部との序列を否定する。つまり，「やりたいこと」というバウンダリーは，社会で広く用いられている優劣や序列の尺度から距離を置くためのものだといえる。こうした認識は，「成績や語学力等の一律の基準は設けず」に，「留学の

『計画』と『人物』を書面と面接で審査」するトビタテの選考過程を反映したものであると考えられる（文部科学省　2021）。「トビタテは学歴とか大学名を全く気にしないコミュニティで，その人が何をしようとしてるかっていうところだけで，お互いを評価しあって，敬意を示しあってる」とフミヤが述べるように，トビタテの選考過程はかれら自身あるいは集団としての自己認識にも影響している。Kato（2016）は，日本の「グローバル人材」言説が階層主義を帯びており，実質的には難関大学出身の学生のみが想定されていることを指摘していたが，実態は別として，少なくとも研究参加者は集団としてのメンバーシップにおいて学力や学（校）歴を重要視しているわけではない。

4.2.　トビタテ内部でのバウンダリー

　ところで，「やりたいこと」を重視する規範は現代日本の大学生や若年層にも確認されるものであり（妹尾　2023），トビタテ生に限ったものではない。だが，ここで注目したいのは，「やりたいこと」というバウンダリーがトビタテ内部に向けられるとき，そこにはある種の望ましさが含まれており，しばしば序列を形成する基準ともなっていた点である。以下のユカコの語りはその典型例である。

　＊：自分のことはトビタテ生っぽいと思う？

　ユカコ：どうなんだろう，なんかほんとトビタテの中で目立つタイプではないし。
　　　…ただ，平均的。平均的かなって思います。でもなんかお金もらうためにテー
　　　マでっち上げたわけではなく，ちゃんとほんとに勉強したいと思ってたし。
　　　［新型コロナウイルス感染症の影響により］インターンは出来なかったけどそ
　　　れなりに色々現地で調査はしてちゃんと学びをまあ，自分のできる形でしたの
　　　で。まあまあなんか，平均的な，平均的なというか，できたのかなって。

　＊：それでも平均的な。

　ユカコ：ほんとにすごい人はやっぱりいるので。

　上記の語りからは次の二点を読み取ることができる。第一に，「お金もらうためにテーマでっちあげた」人は否定的に捉えられる点である。つまり，「やりたいこと」は本心に基づくものでなければならない。第二に，たとえ本心から「やりたいこと」であったとしても何らかの序列が存在していること，またそれは少なくとも「やりたいこと」に対する思いの強さだけではない点である。ユカコは「ちゃんとほんとに勉強したいと思ってた」ことに基づいて世界トップレベルの大学への交換留学を経験し，講義を受講するだけでなく，現地で自身の留学計画に沿った独自調

査を実施するなど精力的に活動していたという。それにもかかわらず，彼女は自身を「トビタテのなかでは目立つタイプではない」「平均的」と表現し，「ほんとにすごい人」の存在を筆者に提示している。そしてその具体例としてユカコはこの直後に「自分が一番すごいと思う」人として，「A［日本の伝統産業］を世界に広めるために数カ国でインターンして，帰国後は A を広めるために海外で起業した」人を挙げた。興味深いことに，こうした「すごい人」への言及は，研究参加者の語りのなかで再三にわたって確認された。「なんかすごい人がいっぱいいるなあって，僕なんて到底及ばないなあって」（レン）や「私からみるにやっぱすごい人ばっかり」（メイ）のように，かれらは自身と対比させながら，トビタテにおける「すごい人」に言及する。つまり，トビタテの内部では何らかの優劣や序列が存在しているのである。

5. 「やりたいこと」とは何か？

5.1. 「正統から外れる」というバウンダリー

　それでは，かれらはトビタテにおける「すごい人」をいかなる基準で判断しているのだろうか。まず検討したいのは，かれらが他の留学経験者との間に形成するバウンダリーである。というのも，そこではたんに「やりたいこと」だけでなく，どのような留学がトビタテらしいのかが表出しているからである。たとえば，次の引用は，筆者がトビタテ生に対する認識をダイキに尋ねた際のものである。

　ダイキ：最近はだんだんこう，［トビタテ生でも］日本の一般的な人たちが増えてきたっていうのもすごい言われてるんですけど。

　＊：それはあれですか，いわゆる普通の留学みたいな？

　ダイキ：とがってる人がへってきたっていうのは［事務局の間で］言われてます。…自分が受けた時，まだ制度ができたばかりの頃だったんで，なんかこう，ちょっと変わってる人が多いというか。なんかほんとに交換留学，まあ悪く言ってるわけじゃないですけど，交換留学ってわりと行きたいですっていってそれっぽいのでっちあげればなんとか通るんですけど，トビタテはそうではなくてなんか，正統からちょっと外れた人たちみたいなのがやっぱり多いかな。

　まず，ダイキは最近のトビタテについて，「日本の一般的な人たちが増えてきた」と説明している。ここでの「日本の一般的な人たち」とは直後に言及されている大学間の交換留学者を指していると考えられる。そのうえで，そうした「日本の一般的な人たち」と対比させながら，トビタテ生を「とがってる人」「ちょっと変わっ

てる人」「正統からちょっと外れた人」などと形容している[4]。また，世界大学ランキングで上位の大学院とのダブルディグリープログラムを選択したマサキは，自身の留学を「敷かれたレールを行って帰ってくる」ものであり，「トビタテの目的にはそぐわないような留学」であると表現している。この点について改めて確認したところ，以下の引用にあるように，マサキは「やりたいっていう気持ちとそこで成し遂げたいことっていうまあまあ思いは持ってはいる」としつつも，自身の留学は「既に提供されてるもの」という意味において「レールに乗っかっている」と認識していた。マサキの留学が実際に「敷かれたレールを行って帰ってくる」だけのものなのかは定かではない。だが，重要なのは，マサキが自身の留学は他のトビタテ生と同様に「やりたいこと」に基づいており，それに対する「思いは持ってはいる」にもかかわらず，「敷かれたレール」であることから自身の留学が「トビタテの目的にそぐわない」と認識している点である。

マサキ：まあ既に提供されてるものに対して，自分が乗っかっていく形になっているんで，まあそこにやりたいっていう気持ちとそこで成し遂げたいことっていうまあまあ思いは持ってはいるんですけど，まあ完全にゼロから自分が構築したものではないので。そういった意味では，まあちょっとレールに乗っかっているなっていう感じはしてはいます。

このように，かれらのなかではそれがたとえ「やりたいこと」であったとしても，たんに交換留学のように大学のプログラムを通じて留学することは「敷かれたレールを行って帰ってくる」ものとして否定的に認識されている。そしてそうした「日本の一般的な人たち」の留学と対比させて，「完全にゼロから自分が構築した」ような「正統からちょっと外れた」留学こそが，とくにトビタテらしい留学として認識されている。つまり，「やりたいこと」が「正統から外れる」ものであることが，トビタテにおける望ましさや序列化の基準となっているのである。

なお，こうした「正統から外れる」というバウンダリーは，留学それ自体に留まるものではない。「グローバル人材」やトビタテが産業界からの要請に基づいて登場したことからも明らかなように，むしろ重要なのは，留学後のキャリアやライフコースという観点において，「正統から外れる」ことが望ましいこととして認識されている点である。以下の引用はその一例であるが，かれらはトビタテ生らしさを筆者に提示する際に，留学後のキャリアにまで言及する。そして，会社員としての働き方を選択した自身を引き合いに出しながら，そうした「標準的なルート」から外れる人を「トビタテらしい人」や「すごい人」として称揚するのである。

ハナ：私はいい企業に入れて，そこそこ安定した生活はしてますけど，何だろう，普通（笑）。［自分は］普通の大学生から社会人になった人なんで。

サキ：私はやっぱり経済的な理由とかいろんな現実的な理由を持ってきて，結局，決められた，決められたっていうか標準的なルートの上を歩いているので。

5.2. 「社会貢献」というバウンダリー

ただし，「正統から外れる」ことが闇雲に称揚されているというわけではない。たとえば，トビタテには「成功の型」があるというワカナは，「ニート」や「ヨガの先生」と対比させながら，トビタテには「大企業に入ってこれしてます」「研究者としてすごく活躍してる」「起業しました」のような「多様じゃない道」があると述べる。つまり，たんに「正統から外れる」ことだけでは不十分であり，それが「いわゆる世の中でいわれる活躍」と結びついていることが要求されているのである。

ワカナ：成功の型みたいな，いろんなことされてるんですけど，たとえば，私の大学の仲いい子とか一時期ニートだったり，別の子とかヨガの先生してて，いわゆる世の中でいわれる活躍みたいなそういう人生だけが多分すべてじゃないと思うんですけど，やっぱり，ある程度大企業に入ってこれしてますとか，研究者としてすごく活躍してるとか，起業しましたみたいな，多様なようで，すごく，わりと多様じゃない道っていうところがやっぱりある。

ところで，ワカナの指摘は一見すると，大手企業の会社員となった自身を引き合いに出すハナやサキの語りと相反するようにみえる。だが，「標準的なルート」やそれに類する語に対するかれらの意味づけを検討すると，それらは必ずしも矛盾するものではないことがわかる。この点を理解するうえでコハルの語りは示唆的である。

コハル：ある程度，世間一般的なレールの上を歩いていればそれでいいやって思う人もいることはいるので，わりとそういう認識ってトビタテにあんまりないなって。…大学とか高校のときにとくに思ってたんですけど，大学にいってとりあえずどっかに就職して，で，女の子だったらどっかのタイミングで結婚して，もう，そのまんまいければ別にそれ以上の目標がないというか。何かになりたいとか，何かに貢献したいっていう考え方の人があんまりいなかった。

ここで，コハルは「世間一般的なレール」との対比で，「何かになりたいとか，何かに貢献したいっていう考え方」に言及している。つまり，コハルは「世間一般

的なレール」という語について，会社員というキャリアそれ自体ではなく，「やりたいこと」や「社会貢献」という意識を欠いたキャリアの象徴として言及しているのである。ここからは，かれらが「標準的なルート」や「世間一般的なレール」といった語を，たんに実態としての会社員というキャリアのみを指した概念ではなく，「やりたいこと」や「社会貢献」との距離の大きさを示す概念としても認識し，トビタテという集団内部において自身や「すごい人」を位置づけるための語として利用していることが読み取れる。だからこそ，ハナやサキはそれらの対比として「安定した生活」や「経済的な理由」に触れながら，「トビタテらしい人」や「すごい人」に言及したのだと考えられる。

　このように，「やりたいこと」を私的な関心や欲求にとどめるのではなく，公的な「社会貢献」へと接続させていくことに重きを置く論理は，トビタテへの参加を通じて形成されていくものでもある。書類選考の際にも「[日本の] どういうところに貢献できると思いますかみたいなこと書かされる」とユイカが述べるように，トビタテでは選考過程や事前・事後研修において（日本）社会に貢献することが様々な形で強調されており，「やりたいこと」を「社会貢献」とすり合わせていくことが要求される。その結果，マサキが以下に述べるように，トビタテという「国家プロジェクト」で留学する以上は「日本の社会なり経済に還元する必要」があり，それがトビタテ生としての「一つの責任」として認識されていくことになる。

**　マサキ：やっぱりその国家プロジェクトなので，その行くだけで終わりではないというか。そのまあ行かせてもらった以上，ちゃんとそれを日本の社会なり経済に還元する必要はあるというか，まあそれが一つの責任なんですけど。**

6.　「やりたいこと」の階層的基盤

　ここまで，かれらが形成する「やりたいこと」というバウンダリーの内実について検討してきたが，留学の中身およびその後のライフコースとしては「正統から外れる」ことや「社会貢献」することがコミュニティの内部で称揚されていることが明らかになった。ここで重要なのは，誰がそうしたライフコースを規範的に語り，現実的に取りうるのかという問題である。この点については，自身をトビタテの「周辺層」と語るワカナが次のように語っている。

**　ワカナ：まず人生に目的を持ってる時点でちょっとあれですよね，普通じゃないですよね（笑）。自分がこういう能力があるからこれをするとか，人のために自分の力を使いたいって，ある程度今の自分に余裕がないとできないことだし，**

　　家庭的バックグラウンド，経済的バックグラウンドもそうですし，そこが充足
　　されてはじめて，人のこととか社会のことに目を向けられると思ってるんで，
　　そういうことをしたいと思っている人たちが集まるところって，多分，そこが
　　充足してるんですよね，そもそも。そういう人が多い組織だと思うんで。

　ワカナによれば，トビタテのとりわけ「中心部」は「家庭的バックグラウンド」
や「経済的バックグラウンド」が「充足」されており，「自分に余裕がある」からこ
そ「やりたいこと」や「社会貢献」を重視することができるという。ワカナの語
りからは，かれらが「標準的なルート」との間にバウンダリーを形成するのは，か
れらが現実的にそうしたライフコースを取りうるからであることが示唆される。
「いいとこに就職したい」という考え方に対して一定の理解を示しつつも，そうし
たキャリアを「もったいない」と述べるコウスケの語りは，まさにその典型であ
る[5]。

　＊：やっぱりＡ大［中部圏国立大学］は印象では海外いく人は少ないと思う？
　コウスケ：かなり少ないですね。海外志向ほとんどいなくて，いいとこに就職し
　　たいみたいなのが，まあ僕から見るとなんか，なんかもったいないな人生って
　　思っちゃうんですけど，まあそういう志向の人が多いですね。
　＊：もったいないっていうのは，どういう意味でのもったいないなんだろう。
　コウスケ：いやーなんか，それは昇進した方がいいですけど，仕事就いたときに。
　　なんかとりあえず仕事を手に入れたいみたいな，手に職つけたいって。でそっ
　　から，なんかこういう人になりたいとかなく，ただいくら稼ぎたいとか，年収
　　いくらになりたいとかそういうことしか言わないんで。なんかもっと世界見た
　　ら，変な面白い人もいるし，面白い場所や環境もあるし，仕組みもあるのに，
　　なんでそういうとこに目向けないのかなみたいなのは思っちゃいますね。

　ここで重要なのは，コウスケは研究参加者の中でもとくに社会階層上有利な立場
にあった点である。アメリカの大学院を経験した両親をもつコウスケは，幼少期に
数年間アメリカに滞在し，日本に帰国後も毎年のように渡米していたという。さら
に，高校時代には１年間の交換留学を，大学時代には経営者である父親とともに海
外出張なども経験している。一方で，たとえば「経済的な理由」から「標準的な
ルートの上を歩いている」というサキは（5.1.），「いわゆるシングルマザーという
言葉から一般的に連想されるような経済環境ではなかった」ものの，「正社員じゃ
ない職で，離婚をされて，女一人で生きていくってこの国こんな大変なんだってい
うのを感じながら生きてきた」という。そして，職業選択において「人のために役

に立つっていう思想ってすごく大事だと思いつつ，自分が［経済的に］しっかりして
てないとその余裕って絶対生まれない」として，「やりたいことだけを100頑張れ
る」他のトビタテ生との距離に言及している。

> **サキ：純粋に自分のやりたいことだけを100頑張れるかっていうと，あんなエネ
> ルギーは湧いてこないので，まあ自分ができない分卑下は絶対にしたくないと
> 思う一方，偉そうだなとも思ってたりとかもしますね（笑）。**

このような階層的背景の違いを踏まえるならば，コウスケが「いいとこに就職し
たい」という考えを「もったいない」と評することができたのは，彼がそうした
「標準的なルート」を現実的に取りうるだけの階層的基盤を有していたからである
といえる[(6)]。これに対して，サキはトビタテ内部で理想視される「正統から外れ
る」ことや「社会貢献」を内面化しつつも，実際には「経済的な理由」や「現実的
な理由」から「標準的なルート」を選択したことから，自身と他のトビタテ生との
差異に言及したのだと考えられる。これらの語りは，かれらが形成するシンボリッ
ク・バウンダリーがいかに経験されるのか，ひいては，誰が「グローバル人材」と
なれるのかには，家庭環境やジェンダーに起因する差異が存在していることを示唆
している。

7. まとめと考察

本稿では，シンボリック・バウンダリーの視点から，「グローバル人材」として
まさに期待されているトビタテ生が自身や集団をどのように定義・認識しているの
かを検討してきた。研究参加者は「学科の友達」や「普通の大学生」と対比させな
がら，トビタテ生の特徴を「やりたいこと」というバウンダリーによって説明して
いた。ただし，それは自分たちの優越性を主張するためではなく，むしろそれを否
定するために使用されていた。一方で，「やりたいこと」は「正統から外れる」こ
とや「社会貢献」をその主要な構成要素としており，これがトビタテ内部における
序列化の基準ともなっていた。

先述したように，「グローバル人材とは誰か」という問いに対して，先行研究で
は留学経験や語学力，学歴といった「客観的」な側面に注目することが多かった
（吉田　2014，Kato 2016など）。だが，「グローバル人材」として集団内で承認され
るためには，そうした属性やカテゴリカルな要件を満たすだけでは不十分であり，
「やりたいこと」への情熱と「正統から外れる」ことに伴うリスクを恐れない大胆
さ，そしてそれらを通じた「社会貢献」という責任感が重要視されているのである。

　このような集団的アイデンティティは，自身や集団の特権性の自覚を困難にするとともに，留学経験ひいては社会的地位をめぐる格差を助長する機能を果たしていると考えられる。なぜなら，日本人学生の留学者数の増加とともに留学経験の有無だけでは他者からの差異化・卓越化が困難になっていくなかで，こうしたバウンダリーは，「グローバル人材」としてのかれらの希少性を担保する実践ともなるからである。Netz & Finger（2016）が指摘するように，海外留学の希少性が低下しているドイツでは，出身階層の高い学生ほどより長期の留学や奨学金の獲得といった排他的で価値の高い留学を選択するようになっている。こうした留学者間の差異化・卓越化の実態は日本においても報告されており，高階層家庭の子どもほどより長期の留学や早期の留学を経験することが明らかにされている（Entrich & Fujihara 2022）。ただし，本研究の知見を踏まえれば，「グローバル人材」はたんにより排他的な留学形態を選択することや「ワールドクラス」の大学・大学院への留学といった実態的な次元によって差異化・卓越化を図っているわけではない。かれらは階層的基盤をもとに「やりたいこと」「正統から外れる」「社会貢献」というシンボリック・バウンダリーを形成することで自らの希少性を確立し，象徴的な次元において他の留学経験者からの差異化・卓越化を図っているのである。さらに「やりたいこと」が重視されるトビタテの規範は，日本の大卒就職市場とも整合的であり（妹尾　2023），かれらの留学経験は人的資本を大きく増大させているものと推察される。このような知見は，社会階層上相対的に有利な立場の人々の間で，なかでも他の大学生や留学経験者，ひいては「グローバル人材」の間で格差が生成され，正当化されるメカニズムの一端であると考えられる。

　なお，「正統から外れる」ことへの躊躇は，結婚・出産等への言及とともに女性ほど表明された[7]。これは既存の男性優位な「標準的なルート」を達成することの困難さに加え，「正統から外れる」ことによって生じるリスクを背負いながら職業を通じた「社会貢献」と家庭生活の両立を目指すことが，とくに女性にとって葛藤をもたらしていることを示している。「グローバル人材」とジェンダーとの関係についてはさらなる検討が必要である。また，かれらが形成するシンボリック・バウンダリーは，トビタテに応募する過程や事前・事後研修において，留学支援に携わる教職員や他のトビタテ生，事務局等との相互行為を通して形成されていくものであると考えられる。そうしたバウンダリーが形成される過程について調査を進めていくことも今後の課題としたい。

〈付記〉
　調査にご協力いただいた皆様に深く感謝申し上げます。なお，本研究は JSPS 科研費21J15459の助成を受けたものである。

〈注〉
(1)　筆者は当初，研究参加者の考える「グローバル人材」の定義や要件を直接的に尋ねていたが，「グローバル人材」という語を特段意識しておらず回答に窮する者や，大学やトビタテ等で例示された定義や要件を挙げる者が大半であった。こうした理由から，本研究ではかれらが形成するシンボリック・バウンダリーに注目することによって，この問いにアプローチすることを試みている。

(2)　本研究の参加者は文部科学省によって統括されたプログラムの参加者である。そのため，関係者から個人が特定される可能性を防ぐために，研究参加者の年齢や留学形態などを一覧として記載するべきではないと判断した。

(3)　以下で語りを引用する際には，筆者の発言を＊で，語りの中略を…で，筆者の補足を ［］ で示す。

(4)　ただし，ダイキは交換留学であっても「日本の大学で普通にそれ言ってたらちょっと浮くじゃんみたいな計画の人」はそうした「正統からちょっと外れた人」に含まれるものとして説明している。

(5)　このように語ることができるのは，コウスケが就職活動を経験していない大学院生であったことも関連しているだろう。ただし，コウスケはそうしたキャリアについて，「結果的にお金をもらえてる人たちなんだろうなとは思うんですけど，それでも世の中良くする方に重きを置いてる人たち」と述べ，「お金」と「社会貢献」を両立可能なものとして認識している。

(6)　この点は留学についても同様である。たとえば，幼少期に７年間アメリカに在住していたリンは，「交換留学はノリ［その場の状況や空気感］わかっちゃう」ため「そんなに魅力的じゃない」と述べている。

(7)　ただし，研究参加者のなかには，経済的な理由から「社会貢献」を断念し，「標準的なルート」を選択した男性も存在する。シングルマザーの家庭で育ち，家計に余裕がなかったことから給付型奨学金事業であるトビタテに応募したというサトシは，当初志望していた国際協力に携わる NPO 法人への就職を断念した理由として「30歳で手取り15万とかって現実」を挙げ，「お金」と「社会貢献」を両立不可能なものとして認識していた。

〈引用文献〉

Brooks, Rachel, & Waters, Johanna, 2013, *Student Mobilities, Migration and the Internationalization of Higher Education*, Basingstoke, UK: Palgrave Macmillan.

Entrich, Steve, R., & Fujihara, Sho, 2022, "New Horizontal Inequalities in Japanese Education? Examining Socioeconomic Selectivity in Pre-College Study Abroad Intent and Participation," *Research in Social Stratification and Mobility*, No.81, pp.1-14.

Findlay, Allan, M., King, Russell, Smith, Fiona, M., Geddes, Alistair, & Skeldon, Ronald, 2012, "World class? An investigation of globalisation, difference and international student mobility," *Transactions of the Institute of British Geographers*, Vol.37, pp.118-131.

堀有喜衣，2018，「若者とトランジション―学校から職業への移行研究の現在」日本教育社会学会編『教育社会学のフロンティア2　変容する社会と教育のゆくえ』岩波書店，pp.57-73.

五十嵐泰正・明石純一編，2015，『「グローバル人材」をめぐる政策と現実』明石書店．

Kato, Etsuko, "None of My Business: Young Japanese Migrants in Canada Defying 'Global Human Resource (gurōbaru jinzai)' Discourse," *ISS Research Series*, Vol.59, pp.77-88.

小林元気，2020，「大学生の留学志向の形成に関する教育社会学的研究―社会的要因と職業達成に着目して」神戸大学大学院国際協力研究科博士学位論文．

Lamont, Michèle, 1992, *Money, Morals & Manners: The culture of the French and American Upper Middle Class*, Chicago: The University of Chicago Press.

Lamont, Michèle, & Molnár, Virág., 2002, "The Study of Boundaries in the Social Sciences," *Annual review of Sociology*, Vol.28, pp.167-195.

Marginson, Simon, 2008, "Global field and global imaging: Bourdieu and worldwide higher education," *British Journal of Sociology of Education*, Vol.29, No.3, pp.303-15.

Mazlish, Bruce, & Morss, Elliot, 2005, "A Global Elite?" Chandler, Alfred, D., & Mazlish, Bruce, eds., *Leviathans: Multinational Corporations and the New Global History*, Cambridge: Cambridge University Press, pp.167-186.

文部科学省，2021，「トビタテ！留学JAPAN」（2021年10月4日取得，https://

tobitate.mext.go.jp/program/index.html）．

Netz, Nicolai, & Finger, Claudia, 2016, "New Horizontal Inequalities in German Higher Education? Social Selectivity of Studying Abroad between 1991 and 2012," *Sociology of Education*, Vol.89, No.2, pp.79-98.

太田知彩，2021，「日本人学生の海外留学における大学階層間格差の実態とその推移」『国際教育』第27号，pp.17-32.

太田知彩，2022，「なぜ留学するのか？―『グローバル人材』の再生産戦略に着目して」『教育社会学研究』第110集，pp.169-189.

妹尾麻美，2023，『就活の社会学―大学生と「やりたいこと」』晃洋書房.

Sklair, Leslie, 2001, *The Transnational Capitalist Class*, Oxford: Blackwell.

天童睦子・多賀太，2016，「『家族と教育』の研究動向と課題―家庭教育・戦略・ペアレントクラシー」『家族社会学研究』第28巻第2号，pp.224-233.

恒吉遼子，2016，「教育における『グローバル人材』という問い」北村友人編『（岩波講座）教育　変革への展望7　グローバル時代の市民形成』岩波書店，pp.23-44.

吉田文，2014，「『グローバル人材の育成』と日本の大学教育―議論のローカリズムをめぐって」『教育学研究』第81巻第2号，pp.164-175.

ABSTRACT

Who are the "Global Human Resources"?:
From the Perspective of Symbolic Boundaries

The aim of this study is to unveil the self-perception and group dynamics of individuals identified as "global human resources," shedding light on the criteria they use to define their group affiliations from the perspective of Symbolic Boundaries.

In recent studies, studying abroad has been characterized as a reproductive strategy for the elite class during this age of globalization. As higher education is evaluated through university rankings in the global education arena, those who attend "world class" universities are cast as "global elites," capable of seamlessly traversing the world and reaping the maximum benefits from the global economy. Japan is also ardently pursuing the development of "global human resources." In response to this trend, numerous criticisms have emerged concerning the definitions and requirements for "global human resources," primarily focusing on objective aspects such as the presence or absence of study-abroad experience, language proficiency, and nationality. However, the subjective aspect of how those designated as "global human resources" perceive the question "Who are the global human resources?" has not been clarified.

In this regard, 44 participants in the "Tobitate Study Abroad Program," the largest benefit-type scholarship project implemented by the Japanese government, were interviewed. These students can be considered a classic example of "global human resources" in Japan. The findings are as follows:

First, "global human resources" delineate their identity through their study abroad experiences and form a boundary of "what one wants to do" between themselves and "university students" or "classmates." This boundary of "what one wants to do" functions as a cognitive framework that acknowledges their distinctiveness while contrasting with "academic background" and "elites." Second, when the boundary of "what one wants to do" is directed toward Tobitate students, it assumes a certain desirability and frequently becomes a criterion for determining superiority or inferiority. They refer to "going outside the orthodoxy" as desirability, contrasting "exchange students" and "the standard route." Third, when studying abroad as "global human resources," the emphasis is on making the connection between "going outside the orthodoxy" and "contributing to society."

These perceptions are shaped by the institutional context of the Tobitate program. Fourth, there are differences in the way these boundaries are experienced by different classes and genders.

Based on the results, it is evident that their collective identity can play a role in promoting disparities and inequalities within their study abroad experiences. As the number of Japanese students studying abroad increases, it is becoming increasingly difficult for them to stand out solely due to their study-abroad experience. In such circumstances, they establish their own distinctiveness by forming a symbolic boundary of "what one wants to do." Such findings are part of the mechanism that generates and reinforces disparities among those who hold a relatively advantageous position within the social hierarchy, especially in comparison to other university students and those who have studied abroad. In addition, such perceptions are formed based on a logic distinct from the global pecking order of knowledge as indicated by university rankings.

Keywords: global human resources, symbolic boundaries, what one wants to do

教育社会学研究第113集（2023）

教授活動を妨げる逸脱者としての 「劣等児」の成立
——明治後期小学校の成績不振児をめぐる議論の検討を通して——

井出 大輝

【要旨】

　本論文は，カイ・T・エリクソン（1966=2014）の議論を手がかりに，明治後期における学業成績不振児：「劣等児」の議論を分析し，学業成績不振が，学校で逸脱行動とみなされるようになった際，教員らの児童に対する認識や処遇がどう変化したのかを明らかにするものである。背景には，明治33年の第三次小学校令で進級試験が廃止され，同学年の児童間に学力差が生じるようになったことで，新たな児童集団で教授活動を行っていくための，新たな認識や処遇が必要となったことがある。

　知見として，次の認識や処遇が形成されたことで，特別に処遇すべき逸脱児童としての「劣等児」が成立したと分かった。①児童は学級での教授活動を妨げてはならないという認識，②問題解決には家庭の協力的な態度をも要請されるという認識，③教員は児童が成績不振で授業を妨げる状況を放置してはならず，その事情を考慮して同情的に処遇すべきという認識，④成績不振そのものよりも，特定の児童が授業の妨げとなる状況を解消するための処遇，⑤そうした処遇をしても授業の妨げになる者に退学を促し，学校に在籍する児童の境界を明確にする処遇である。

　つまり，政策，認識，処遇の変化に伴って，学業成績不振を，問題化と特別な処遇の対象とすることが可能となり，「劣等児」は成立したと言える。また「劣等児」は，新たな児童集団に混乱をもたらしたのではなく，集団の規範や秩序を形成する存在として現れたのである。

　キーワード：「劣等児」，逸脱，境界

東京保育専門学校

1. 問題関心

　本論文の目的は，明治後期の学業成績不振の児童，通称「劣等児」に関する議論の検討を通して，学業成績不振が教育現場において問題とみなされ処遇の対象となるなかで，学級集団[(1)]を維持するために必要になった認識や取り組みがどのように変化したのかを明らかにすることである。

　そもそも，近代学校教育制度が創設された当初は，学業成績の不振は教育界で広く議論されるべき問題として扱われず，むしろ学力差に基づいて児童を区別する仕組みが採用されていた。初めて全国規模の学校教育を構想した学制においては，児童をその学力水準によって区別する等級制が採られており，進級するためには厳格な試験に合格する必要があった。児童はその学力に応じて等級に配置されたため，等級内での学力差が学校教育の現場で対応されるべき問題として教育界で広く議論されることはなかったのである。また，試験に合格できなかった者や，明らかな学力不足・出席日数の不足などにより受験を認められなかった者は，中途退学となったため（山根　1999），試験に合格できる者だけが学校に在籍し続けた。

　しかし，国家主義的な教育や臣民形成の徹底が要請されるようになった明治後期において，多くの児童の就学継続の妨げとなっていた進級試験が問題化し，廃止された結果，ほぼ同年齢の児童によって学年が構成されるようになり，その集団内に学力差が生じることとなった。明治33（1900）年の第三次小学校令の下で進級試験が廃止されたあと，進級の判断，学年修了の判定は，試験の結果ではなく職員会議で，出席数や操行なども考慮してなされるようになり，徐々に落第率が低下していった（森川　1982）。結果として，学業成績不振の児童も進級，卒業が可能となった。

　学力に差のある児童で構成された学年において，学業成績が劣るがゆえに教授活動の妨げになるとして教育界で問題化されたのが，「劣等児」と呼ばれた児童である（「劣等生」，「劣等児童」とも呼ばれた）。この児童は，「教授の功を奏せざる生徒」（表1の史料7，p.7），「助けても尚遅々として進み，若し，助けざれば殆んど全く教授の要領を了得することが出来ない」児童と見られていた（織田・白土 1906，p.12）[(2)]。また，その教授の効果が現れづらい児童は，たんに授業についてこられないだけでなく，教授活動を妨げるがゆえに，何らかの措置を講じなければならない存在とみなされた。次の教授法書の記述はそれを端的に示している。

普通児童と比して一見その差少くたゞ学業成績進歩の点に於て劣る所あるのみ。この児童を普通児童と共に教育し，その間に何等取扱上の区別をなさゞらんか，一歩の差は十歩となり，十歩の差は百歩となり，ついには尋常の手段にては容易に救済し得ざるに至らん。加之，是に伴ひて起る他の弊害あり，何ぞや，普通児童に対する。教授力の是がために減ぜらる。（金港堂編輯所編　1910，pp.136-137）

　つまり，学校，教員は，学業成績不振の児童を他の児童と同じ学年に在籍させ続けながら，教授活動を行っていかなければならず，そのために展開されたのが，「劣等児」への見方や処遇に関する議論だったということである。内部に学力差があることを前提とした児童集団と，それを対象とする集団的な教授を成り立たせようとする取り組みは，ここで初めて本格的に現れてきたと言えよう。学年内に学力差が生じる状況で，それに伴う教授活動の妨げを問題とし，学業成績不振の児童を教員が特別に対応するべき存在とみなしたときに，「劣等児」は成立したのではないか。

　だとすれば教員らは，在籍する児童のあいだに学力差があることを前提とする同学年の児童らに対して，どのようにして集団的な教授活動を成り立たせようとしたのか。以下では，「劣等児」に関する議論を検討することで，教員が教授活動を成立させる際に必要とされた認識の変化や展開されるようになった取り組みを明らかにする。

2.　先行研究

　明治後期に「劣等児」が現れた経緯や，「劣等児」に関する議論の内容，特別な処遇の実態を明らかにしている研究として，主に，戸崎（1993）や阪本（2021）が挙げられる[3]。戸崎（1993）は，「劣等児」対応としての「特別学級」が成立した制度的，社会的経緯をまとめている。まず制度的には，明治30年代に「学級が教授―学習集団として一定の基準（同一年齢，同一学年，同一教材など）によって成立し」たことや（同，p.29），「学級の複数化が問題（可能）となるだけの」大規模校が増えたこと（同，p.29），「学力の獲得が教育問題として重視される状況」が，同学級のなかで学力が劣る児童を顕在化させたと推察する（同，p.29）。また，児童全体の学力向上策が講じられるようになった背景に，資本主義の進展により「帝国主義戦争や国際的経済競争に対応できる人材の養成」が重要な課題となったことが

あるとしている（同，p.30）。以上の経緯のなかで，「劣等児」対応を目的とした特別学級の設置が各地で進み，師範学校附属小学校でも設置が奨励されはじめたと論じている。

　また阪本（2021）は，主に大正期を中心に，文部行政に関わる人物の思想から，奈良県の特定の小学校における「特別学級」における実践まで，広い視野で検討し，「劣等児」への見方や，処遇の種類，その社会背景を明らかにしている。特に，児童の悲惨な境遇への同情といった人道上の理由や，成人後に社会に「害」を流すことがないようにするといった社会防衛上の理由から「劣等児」のための特殊学級が成立したことや，先天的な能力の問題を考慮した個別的な指導，貧困など家庭環境の問題を考慮した愛情のある対応といった処遇が整備されたことを明らかにしている。

　前田・高橋（2000）や石川（2014）は，「劣等児」を対象とした「特別学級」の実態を明らかにする諸研究を整理しつつ，障害のある児童だけでなく，成績不振児への補習や，貧困家庭の児童・子守児童を対象にした特別教育などのバリエーションがあったことに目を向けるべきとして，先駆的な研究を紹介している。

　これらの研究は，「劣等児」への特別な処遇の成立を，特殊教育や，個別指導・補習など含む一部児童への特別対応（前田・高橋は「促進教育」と呼ぶ）の前史として位置づけ，そこに見られる問題点や現代への実践的な示唆を引き出そうとする。

　しかし，前節でも述べたとおり，「劣等児」論の出現は，たんに特別な児童やそれに対する特別な処遇が追加されたことを意味するだけでなく，学力差を含む新たな児童集団に対して学年ごとの授業を成り立たせていくという点で，小学校での通常の教授活動そのものが変化したことをも意味している。それは，児童集団や教授活動の質的転換であり，新たな実践が追加されたこと以上の変化を示している。

　つまり本稿は，明治後期の「劣等児」論を，特別な児童に対する特殊教育や特別な処遇の前史を示すものとして位置づけるのではなく，学力に差があることを前提とした学級集団に対して集団的な教授を行おうとする取り組みが教育現場に課題として立ち現れた局面を示すものとして捉える。そうした関心で検討を進めることで，学力差のある学級集団に対して授業を成り立たせるために，どのような認識や取り組みが必要と考えられるようになったのかを明らかにすることができるだろう。

3. 分析の方針

3.1. 分析の視角

　「劣等児」論を検討していく際，逸脱者を集団の秩序を妨害する者としてではなく，むしろその集団の規範を形成し，境界を画定するものとして捉えることで，新しい集団の秩序が成り立っていく過程を明らかにしたカイ・T・エリクソン（1966＝2014）の議論を参照する。エリクソンは，17世紀のマサチューセッツ植民地において，ピューリタンの指導者らが，特定の行動や思想を逸脱とし処遇することを通して一から集団の規範やアイデンティティを形成する過程を捉えているが，この見方を参考にすれば，学力差のある児童らによって構成される新たな教授集団において，教員が，成績不振を逸脱とし処遇することを通して，その集団で働くべき規範を形成していく過程を整理して捉えることができると考えられる。特定の時代のすでに形成された社会における逸脱の機能を扱う研究と異なり，エリクソンは，北米における新しい集団の秩序形成期に見出された逸脱の意味について検討した歴史社会学的研究である点で，参照に適しているだろう。

　エリクソンの逸脱観の特徴は，逸脱を集団にとっての外縁を最も効果的に位置づけるものとして捉える点である。エリクソンは次のように述べている。

　　集団の外縁をもっとも効果的に位置づけ，それを公けにする相互作用は，一方は逸脱的人間，他方はコミュニティ公認の統制執行者の間で行われる相互作用である。逸脱者とはその活動が集団の限界からはみ出る人間であり，コミュニティが彼にそのはみ出した理由を説明させるとき，コミュニティは自らの境界の性質と位置について表明しているのである。（同，p.20）

つまり，統制側は逸脱とされる行動をとる者との相互作用のなかで，逸脱の定義や集団の境界を決めていく，ということである。その意味で，逸脱者は「社会制度の失敗によってはじき出された欠陥品どころか，コミュニティ全体の分業にかかわる人物なのである」という（同，p.29）。

　こうした視角で見ると，教育関係者らは学業成績不振の「劣等児」と向き合い，その問題性や処遇の仕方を議論するなかで，学級集団の境界やそこで働く規範を明確にし，学力差のある児童らに対する集団的な教授の仕方を整備していったと捉えることができる。エリクソンは，「コミュニティの境界が大きく変動し，自分たち

のテリトリーに対する見方が変化する時には，さまざまな統制機関があつかう行動の種類にもしばしば変化がおこる」とも述べているが（同，p.80），この点からも，学力差のある児童で集団が形成されるようになったことと，「劣等児」が問題化され，処遇の対象となったことが深く関係していると見ることができよう。こうしたエリクソンの議論を踏まえつつ，教育関係者らが「劣等児」論において，どのような規範を形成し，集団の境界を定めていったか，明らかにしていく。

3.2. 分析の対象

　分析にあたり，まず教育雑誌3誌を対象に，その創刊号から明治末年にかけての逸脱児童に関する記事を収集した。教育雑誌は，書籍と異なり，行政担当者から，師範学校の教員，各地の校長，教員に至るまで，さまざまなレベルで学校教育に関わる者たちが議論を展開する場であり，教育関係者の「劣等児」に対する見方や処遇に関する議論が観察できる媒体である。本論文が対象としたのは，教育に関する一般雑誌である『教育時論』，現場からの実践紹介を多く載せた『日本之小学教師』，学術色の強い『児童研究』の3誌である。『教育時論』は，明治18（1885）年4月15日に創刊された月3回発行の旬刊誌で，昭和9（1934）年の第1762号までの50年間継続し，長期的に読者を獲得しつづけた雑誌である（教育ジャーナリズム史研究会編　1987）。『日本之小学教師』は，国民教育學会の機関誌で，明治32（1899）年4月に創刊された。編集兼発行者は多田房之輔で，谷本富や澤柳政太郎などの教育学者や文学，法学分野の研究者，師範学校附属小学校長や教諭，師範学校長などが寄稿している（大西　2018）。地方会員のうち7割は小学校教師とされ，主に学校管理や教授法など具体的な教育実践に関する記事が掲載されていた点で，より現場での実践を志向した雑誌だったと言えよう。『児童研究』は，明治31（1898）年11月3日に創刊され，高島平三郎，松本孝次郎，塚原政次ら心理学者で構成される児童研究所（のちの日本児童研究会）を中心に発行された。学術色が強いものの，こと「劣等児」論に関しては教員など現場に近い者の投稿が主で，それぞれの地域で見られた「劣等児」の特徴や処遇の実践例が教育関係者に紹介された。

　次に，収集した逸脱児童の記事のうち，「劣等児」に関連する記事を抽出し，整理した（表1）。対象とする教育雑誌3誌は性質が微妙に異なるものの，「劣等児」論に関しては，教育関係者らによって同型の議論が展開されていた。各誌記事で，学業成績不振の原因とされたものが共通しており，遅刻・欠席の数，発達・発育の問題，家庭環境，教師の指導法などが論じられるばかりか（史料4，6，7），処

遇の仕方も，専用の表簿の作成，平易な問いを出すこと，自暴自棄を起こさせない
ことなどの共通点が多くあるからである（史料5，20，24）。したがって，明治後
期の「劣等児」論の広がりを捉えるうえで適切な対象と考えられる。なお，明治16
（1883）年11月創刊『大日本教育会雑誌』（1896年から『教育公報』，1909年から
『帝国教育』），明治18（1885）年4月創刊『教育報知』，明治22（1889）年11月創刊
『教育学術界』でも同じ方法で確認したが，「劣等児」に関する記事がほとんど見つ
からなかったため，上記3誌に絞ってその特徴を浮かび上がらせることにする。

　表1の史料においてはやはり，第三次小学校令が発された明治33年8月以降に，
「劣等」という用語の意味合いが質的に変わり，「劣等児」というカテゴリーをもと
に，学級における学力差の問題への認識や処遇について盛んに議論され始めたこと
がわかる。例えば史料1は，「困難なる児童」の1人として「学術劣等」の児童が
いるとしているだけで，「劣等児」というカテゴリーを作り，その児童に固有の問
題性や処遇の仕方を論じるものではなかった。また，史料2では「劣等生」という
記述が現れるものの，それは試験に落第した児童を指しており，学年内の学業成績
不振を問題とする記事ではなかった。「劣等児」というカテゴリーが使われ，かつ，
それが学級内の学業成績不振を問題とすることを明確に主題として扱うようになっ
たのは，第三次小学校令が施行されたあとの史料5からであった（「各学級に劣等
児童名簿を編製する」(p.25)）。ここからも「劣等児」問題は，第三次小学校令施
行後に教育界で本格的に論じられるようになったことがわかる。それについては，
先行研究においても指摘されており，茂木・高橋・平田（1992）では，教育雑誌に
おける「劣等児」への言及は1900年以降増え，明治末期にピークがあるとされた。
したがって本論文では主に史料5以降を対象として，分析を進める。

　記事全体の傾向として，多くは「劣等児」の原因論か処遇論，あるいはその両方
に言及し，わずかに「劣等児」の定義を論じるものがあった。本論文ではその分類
に準じて，5.1.で定義論，5.2.で原因論，6.と7.で処遇論の特徴を検討する。

4. 「劣等児」成立以前―学力で区別された児童

　「劣等児」論の検討に入る前に，進級試験を実施していた際に児童がどのような
形で区別，選別されていたかを確認しておきたい。冒頭でも述べたように，進級試
験が採用されていた時期において，児童は主に学力によって区別されていたため，
それぞれの区別のなかで学力差が深刻な問題とされることはなかった。

　進級試験が採用されていたときには，小学校においても落第や中途退学が多く，

表1　検討対象史料一覧

番号	著者（所属，職階）	年月日	題目	雑誌名	巻－号	ページ
1	山形　安日長雄	12/3/1899	困難なる生徒に就きての研究	児童研究	2-4	41-42
2	多田房之輔	2/15/1900	小学生徒訓練談	日本之小学教師	2-12	14-18
3	記名なし（記者か）	10/3/1900	劣等なる児童	児童研究	3-4	19
4	樋口かね子	3/5/1902	遅鈍児教授の経験に就きて	児童研究	5-1	15-16
5	長崎県西彼杵郡長崎小学校の紹介	6/15/1903	劣等児取扱規程	日本之小学教師	5-54	25
6	東京市櫻田小学校長，村田猛	10/15/1906	劣等児童の取扱方に就て	日本之小学教師	8-94	21-23
7	な，ち生	10/25/1906	劣等生教授法（一）	教育時論	775	7-9
8	な，ち生	11/5/1906	劣等生教授法（二）	教育時論	776	7-9
9	な，ち生	11/15/1906	劣等生教授法（三）	教育時論	777	7-9
10	東京市櫻田小学校長，村田猛	11/15/1906	劣等児童の取扱方に就て（承前）	日本之小学教師	8-95	16-17
11	な，ち生	11/25/1906	劣等生教授法（四）	教育時論	778	7-9
12	な，ち生	12/5/1906	劣等生教授法（五）	教育時論	779	6-9
13	な，ち生	12/15/1906	劣等生教授法（六）	教育時論	780	8-11
14	岩内誠一	1/25/1907	劣等児に就きての調査	児童研究	10-1	10-20
15	岩内誠一	2/25/1907	劣等児に就きての調査	児童研究	10-2	11-23
16	岩内誠一	3/25/1907	劣等児に就きての調査	児童研究	10-3	18-25
17	岡山県女子師範学校附属小学校	7/15/1907	二部教授と劣等児童の取扱法	日本之小学教師	9-103	25-26
18	秋田県秋田市旭小学校	7/15/1907	劣等児童の処置法	日本之小学教師	9-103	26
19	大阪府師範学校教諭鈴木治太郎実験報告の抄録	9/25/1907	劣等生の特別教授	児童研究	10-9	30-34
20	大坂府師範学校教諭兼訓導，鈴木治太郎	9/25/1907	劣等生取扱実験	教育時論	808	29-30
21	記者による神田小実験見聞録	10/15/1907	劣等生家庭訪問	日本之小学教師	9-106	21-22
22	大阪府師範学校教諭鈴木治太郎実験報告の抄録	10/25/1907	劣等生の心身現状調査	児童研究	10-10	25-27

番号	著者（所属，職階）	年月日	題目	雑誌名	巻－号	ページ
23	大阪府師範学校教諭 鈴木治太郎実験報告の抄録	10/25/1907	劣等児教育の方法	児童研究	10-10	27-33
24	岡山県上道郡各小学校校長の状況報告の転載	2/25/1908	劣等児童取扱法	児童研究	11-2	43-45
25	長崎市飽ノ浦小学校，小野伊助	2/15/1908	劣等児童取扱方案及び実績	日本之小学教師	10-110	23-26
26	中川益次郎（三重県教育会），富士川游抄	3/25/1908	劣等児童の救済法	児童研究	11-3	28-29
27	岡山県 私立上道郡教育会	4/15/1908	劣等児童取扱法	日本之小学教師	10-112	31-34
28	脇田良吉	6/25/1908	教育上より観たる児童の分類	児童研究	11-6	10-20
29	リーフェンハイメル述，富士川游抄	7/25/1908	成績不良ノ児童	児童研究	12-1	27
30	徳島県阿波郡視学，川人直夫	12/15/1908	最優等生及劣等生取扱の最も適切なる方法如何	日本之小学教師	10-120	18-25
31	香川県師範学校附属小学主事，二股卓爾	2/15/1909	劣等児教育法につきての所感	日本之小学教師	11-123	11-13
32	大阪池田師範学校学校教諭，吉田惟孝	8/15/1909	劣等児に就て（上）	教育時論	876	9-11
33	大阪池田師範学校学校教諭，吉田惟孝	8/25/1909	劣等児に就て（中）	教育時論	877	9-12
34	大阪池田師範学校学校教諭，吉田惟孝	9/5/1909	劣等児に就て（下）	教育時論	878	8-11

選別的な仕組みがとられていた。学制期の等級ごとの落第率は約1割と高く，加えて試験を受けることさえ認められない例も多かった。山根（1999）によれば，文部省年報や各府県の小学校の落第率は，全16等級（上等下等小学各8等級）・半年ごとに行われた進級試験の落第率はほぼ1割であったという。また，不受験の多さも言及され，明治10年代の東京府の場合，落第が著しく多い最下等級を除くと，不受験と受験での落第が1：1ないし2：1程度であったとし，そのまま中途退学する例も少なくなかったという[5]。斉藤（1995）も，「教師が最初から及第できそうな生徒のみしか受験させない実態」があったとし（同，p.119），明治12年の東京府の場合として「この年度で3,000人前後，割合にして15％以上もの生徒が，試験を受けないまま原級にとどまっていたという実態があった」と紹介する（同，p.120）。そ

れゆえ，等級内部の年齢構成も多様で，明治9（1876）年の京都府の下等小学第8級には，6歳未満から14歳までの生徒が在籍していた（佐藤　1970，p.21）。

　このように，落第や不受験，中途退学によって，児童は学力で厳密に区別され，学力を上げて試験に合格できない者は淘汰されていったことがわかる。進級試験の実施によって，学業成績不振児が教授の妨げとなる事態は起こりづらく，学業成績不振が対応されるべき逸脱行動とはみなされなかったと考えられる[6]。

　なお，学校に在籍し続けるためには，たんに試験の成績がよいだけでなく，ふだんの授業のなかで観察される学力や授業態度も高く評価される必要もあった。例えば東京府では，ふだんの授業で観察される学力や行状を「日課優劣点」として記録する実践もあり，その結果を月次試験（小試験）や進級試験の成績に反映させていた。東京府の試験規定（1877）では，「小試験ニ於テ優劣ヲ定ムルノ法ハ毎科ノ合得点数ト日課優劣点ヲ参考シ其得点ノ多少ヲ以テ優劣ヲ定ム而シテ一期中毎月得シ所ノ点数ハ之ヲ試験表ニ記載シ置キ以テ定期試験ノ得点数ニ合算スベシ」とされた（同，p.2）。山根（2014）は，明治前期において，児童の平素の学業や行状を評価し記録する「日課表」の作成方法について言及した書籍や，規定を示した大学区教育会議，各府県の規則を分析し，「学力」をより正確に測るという目的でそうした実践が広く行われた可能性を指摘している（同，p.41）。

　明治20年前後には，そうした等級制から，学年制・学級制へと移行したものの，児童集団である学級を分ける基準としては依然として学力が示され，進級試験も実施され続けた。明治18（1885）年の文部省達16号により，修業期間の単位を半年から1ヵ年に変更する旨が示されたことで学年制が成立し（教育史編纂会編　1938第2巻，p.277），さらに明治24（1891）年の文部省令第12号「学級編制等ニ関スル規則」とその説明により，一人の教員の教授しうる児童数で「学級」が定義されたことで，学年別の学級編制が可能になった（教育史編纂会編　1938　第3巻，p.110）。しかし，学級編制の基準には依然として「学力」が示され（同，p.106），進級試験も実施されため，児童を学力で区別する状況が大きく変わることはなかった。

　明治33（1900）年の小学校令で，授業料が不徴収となり，多くの落第・中途退学を招いてきた進級試験が廃止されたため（教育史編纂会編　1938　第4巻，p.68），就学者が急増し，多級学校も増加して，学年別の学級編制が増えていった。森川（1982）によれば，進級試験廃止後，職員会議で認定合格を判断することなどが認められるようになり，成績不振であっても出席状況や操行から進級・卒業を決める

ようになったという。特に明治40年以降「落第者は急速に減少し，逆に認定合格者が増加していくことになる」とされる（同，p.33）。こうして，学力に差のある同学年の児童集団が形成されていき，集団の内部にいる学業成績不振児が問題化されていった[7]。

　では，進級試験が廃止されたあと，学力差のある児童によって構成された学年ごとの集団に対する教授を成り立たせるために，どのような認識や取り組みが必要と考えられるようになったのか。

5.　教授活動における困難の浮上と逸脱としての成績不振の成立

5.1.　教授活動を妨げる逸脱者としての「劣等児」

　1節でもみた「劣等児」の定義から確認すると，児童は，成績不振となって教授活動を困難にし，他の児童にも迷惑をかけるという点が問題視された，ということである。表1の多くの記事は「劣等児」がどのような存在か言及することなく，その原因や処遇を論じたが，わずかながら「劣等児」の学校における位置やその問題点を具体的に示す例があった。例えば史料6では，「何れの学校にも成績の劣等の児童は居るのでありまして，本人の不幸父兄の心配は申すまでもなく，之が為に教授尠なからぬ困難を感じ併せて，他児童の学業進歩上にも妨害を来すと云ふ恐れがあります」とされた（p.22）。さらに史料7では，「教授の功を奏せざる生徒」，「少数なる劣等生の為めに多数の優良なる生徒をして，迷惑を感ぜしむるに忍びむやと」として（p.7），処遇すべき児童として特徴づけられた。

　つまりたんに成績不振が問題なのではなく，それによって集団的な教授活動が困難になり，他の児童の学業の「進歩」が妨害されることが問題とされ，そこで初めて，教授活動を妨げる逸脱者としての「劣等児」が成立した，ということである。そして，「劣等児」に対しては，成績不振となって他の児童に迷惑をかけることのないようにすべきという規範が強調される必要が生じた。

　進級試験実施時における児童集団と「劣等児」を含む児童集団とを比較すると，前者は試験に合格できる成績優秀者のみが在籍し続けるために，成績を上げるという規範に従えない児童に対する教授が課題とされなかった一方で，後者の場合は成績を上げられない児童でも学校，学級に在籍し続けることができるが，ゆえに教員はそうした児童に対し，せめて学級の教授を妨げないよう要請するようになった。学級に在籍し続ける児童の範囲は拡張したが，同時に，教員は児童に対して教授を妨げないことを条件として課すようになったということである。

5.2. 「劣等児」を生み出す家庭の発見

　学業成績不振をもたらす原因として強く問題視されることになったのは，児童よりも，家庭の学校への非協力的な態度や，児童の生育環境の劣悪さであった。上記の先行研究群でも指摘されてきたことだが，原因は大きく分けて3つ挙げられ，①「身体薄弱」や「怠惰」などの児童の資質・態度，②家庭環境の問題，③教員の教授方法の悪さや学校の設備不足が考えられた。原因に触れる18の記事のうちの多くはそうした原因について偏りなく言及したが，4点はほとんど家庭環境の問題のみを扱い，その問題性を強調するものであった。そこでは「劣等児」が教授活動を困難にする根本には，家庭の問題があるとされた。

　家庭の非協力的な態度としては，史料7で「家庭の如きは，折角学校に於て授けたる，教授訓練の反対なる方法をとり，学校と家庭との命令は常に相衝突し，児童をして従ふ処に迷はしむ」とされ（p.9），学校での働きかけが，家庭の方針によって妨げられるとの不満が示された。さらにその記事は，家庭で過ごす時間の方が長く，生まれたころから父母の「命」を受けてきたために，「家庭の命を奉ずること多くして学校の命を奉ずること少し」とし（p.9），家庭の影響力の強さを問題とした。

　なかには，父母の「気質」も含めた家庭の環境の問題点を見出す記事もあった。史料14では，著者が「劣等児童」について，地域の数十校，100件以上の報告を得，統計を作成したという（「曾て『不完全なる心意を有する児童』に就きての報告を数十個の小学校に求めたり」とし（p.11），その総数は144人分だという）。調査結果としては，単親や継父母が多いことや（pp.12-13），父母の「気質」について両者か片方に「悪性質」があり，「遅鈍」，「粗暴」，「神経質にして時々発狂」，「放蕩，鄙吝，娼婦」といった特徴が示され（pp.14-15），こうした「父母の稟賦が大いに影響する」とされた（p.15）。生活の程度は「下等」のものが多いとされ，問題点として「貧家には家庭の教育も行届かず，其父母の知識品性も下劣なるを免れず，又食物も不良なるべく，一般に其児子の境遇上（生前より）教育的勢力の甚微弱なるは其原因の一半をなすべきものならむ」とあった（p.19）。家庭の事情で，「教育」が行き届かず，適切な食事も与えられないことが，成績不振の背後にあるとみられたのである[8]。

　このように，児童の学力を上げ，集団的な教授に適応させるためにさまざまな働きかけをしたとしても，家庭の方針や環境によってそれが妨げられることを問題とした。学業成績不振を端緒として問題化されたのは，「劣等児」だけでなく，教授

活動の妨げとなる行動の背後にあるとみられた家庭環境でもあったのである。そして，その家庭の問題の内実を細かく調査・特定することで，教授活動を維持するうえで望ましい家庭のあり方を構想できるようになった。進級試験を実施していた時期までは，中途退学していった児童とその家庭は，ほとんど学校の関心の対象にはならなかったが，明治の終わりにかけて，学業成績不振の児童をもつ家庭にも，学校の方針に協力的であることが要請されることになった，ということである。

6.　教授活動を成り立たせるための教員の規範

　「劣等児」による教授活動の妨げが逸脱とみなされるなか，教員らは，「劣等児」に対応する必要性を認識するところから始めていった。処遇論に言及する記事は20点あったが，中には具体的な処遇方法に入る前に処遇の必要性から説明し，特別な処遇にあたって教員が持つべき心構えを示す記事があり，まずはそれを検討する。

　「劣等児」論において，上記では家庭が非難されていたが，「劣等児」を放置していた教員もまた批判の対象となっていた。史料7では「劣等生」が授業中に放置されることが多い現状に対して「劣等生も同じく学校生徒なり教育を受くべきは当然なり何ぞかく度外視して可ならむや」とされた（p.7）。つまり，「劣等児」もまた学校で教育を受けるべき児童であり，「度外視」されるべき存在ではないと説かれた。また史料26では「度外視」の弊害を述べ「劣等児」に対応する重要性を強調していた。「劣等児童の学業進まず（中略）教師は遂に匙を投げ児童は自棄して学齢満つるに及び勿怱として学校を退く此の如き場合にありて教師其人も之を以て厄介払をなしたりとして怪しまざるは此々皆是なりといひて教育家が斯の如き劣等児童の教育を度外視するを嘆き最後に自家の実験に基づきその救済法を左の如く結論したり」とし（p.28），「劣等児」を「度外視」し「厄介払い」しようとすることを「怪しまざる」教員に対して批判を述べ「救済法」を提案していた[9]。

　これらの記述は，教員たちが，就学義務制が徹底され，落第や中途退学が減少したあとでも，成績不振の児童を問題として認識し特別に対応することの必要性を感じていなかった場合があったことを示している。ここからも，「劣等児」を問題視し処遇することが，学校において新しい事態であったことが読み取られる。

　そして，そうした教員を批判するなかで，学年ごとの教授活動を維持するためには，「劣等児」を放置することは許されず，成績不振を解決する救済策を講じるべきという規範が強調されることとなった。成績不振を問題と認識することが定着していなかった時期では，まずこうした基本的な規範から形成される必要があった。

そうしたなかで，教育関係者は「劣等児」に対して「同情」の念をもって接するべきという規範を形成していった。対応の必要性が認識されるようになると，教員は「劣等児」に対して無関心ではいられなくなり，むしろ児童の境遇に「同情」することを自身らに課していった。例えば史料24では，「劣等児」への処遇の注意点として，「一，常に児童を懇に取扱ひ知らず識らずの間に教師に親近せしむべし。劣等児童は教授時間中往々度外視さるる傾なきにあらず。故に教師は最も同情を寄せて丁寧に指導し，其温情に薫化せしむべし」とされた（p.43）。「度外視」されがちな児童に対しては，むしろ「同情」の念をもって指導すべきということである。

　「劣等児」に対し，「度外視」するのでも，厳しく処遇するのでもなく，「同情」をもって接するべきとされたのは，成績不振の原因がその児童の性質や態度よりも，家庭環境にあるとされていたからであろう。史料6では，保護者の余裕のなさを考慮して，学校，教員が児童の成績を上げられるよう補助するしかないと述べられた。「父兄の職業其他の関係よりして，家庭に在つて却却児童の教育を監督するが如き時間に余裕を有せざるものも多くありまするし，又実際それ等の実力を有つて居らぬ向きも少なくないから，結局学校で適当の方法を執つて学力を補充して遣る外，別に途が無いのであります」とある（p.22）。

　加えて，児童に厳しく指導したところで，児童の「特性」は変わるわけではないため，教員はむしろ境遇に「同情」し，「温情」をもって繰り返し働きかける必要があるとされた。史料20では，「極めて温き情を以て児童に接し，宜しく其劣等なる所以の原因に深く同情し，諄々教えて倦まざるの精神は特に是等児童を教育するに必要なり，反復又反復するも忘れ勝，理解せざる勝なるは是等児童の特性なれば，教師は児童のために泣くの精神あらざれば成功すること難し」とされた（p.29）。

　以上のように，「劣等児」への認識や処遇の仕方を論じるなかで，「劣等児」に対しては「同情」の念をもって接するべきであるとの教員の規範が形成されていった。教授活動の妨げとなる児童は，家庭環境が厳しく，「特性」も変えがたい。教員の働きかけに応じないこともしばしばある。しかし，落第や中途退学をさせることはできず，教授活動を維持できなくなるかもしれない。そこで教員は忍耐強く，情緒的でパターナリスティックな対応を志向するようになっていったのである。

7. 「劣等児」を安全に配置し，児童の境界を画定する「配備パターン」

　では，ともすれば学年ごとの教授活動を妨げるおそれのある「劣等児」を，どのように処遇することで，教授活動を維持させようとしたのか。いかに教員が熱心に

働きかけたとしても，教授活動への妨げが全くなくなったわけではなかったろう。

「劣等児」への処遇の特徴として，「劣等児」それぞれの原因に応じて，授業時の配慮から課外教授，退学要請までさまざまな取扱方法が提案された。各記事で紹介された処遇は，児童の原因や事情に応じてさまざま紹介されたが，特に多くの処遇の種類を紹介したのが，史料7，8，9，11，12，13の連載記事である。例えば史料9では，授業での「不注意」が成績劣等の原因とされる場合，教室が騒がしくならないようその児童を「指名」して「閑暇」を与えない，「教師の眼前に席を設く」などするとよいとされた（p.8）。また欠席が多い場合は，「出席を奨励すべし」，「前日の復習の場合に其教授の際に欠席し居りたる生徒に注意すべし」とされた（p.8）。

ここからわかることは，積極的な指名や教師の眼前に席を設けることにも見られるように，たんに「劣等児」の学業成績不振を解決しようとしていただけでなく，学力に差のある児童を対象とした学年別の集団的教授を成り立たせることをも重視していた，ということである。学力を上げるだけであれば課外教授などでもよいが，「劣等児」を在籍させつつ学年に対する集団的な教授を成り立たせることも意識されたからこそ，授業時における配慮が多く検討されたと考えられる。

ただし，上記のような特別な取扱を行っても効果がなかった場合は，退学が求められた。例えば史料8では「心意作用の遅鈍」の者への取扱の仕方がいくつか示されていたが，その児童が「白痴者」の場合は，退学させるとあった。これは「最後の方法にして，止む得ざる場合に出づるものなり（中略）害毒を流せること幾何なるを知らず，教室に入りては，立ち躁ぎ，運動場に出でゝは衆生の玩弄物となり，弊風を感染せしめたること枚挙に暇あらざりき」という理由からである（p.8）。

つまり児童は，進級試験の成績で落第，中途退学をさせられ，選別される，といったことはなくなり，より多くの児童が学校，学年に在籍しつづけられるようになったが，一方で，特別な処遇によっても授業に参加できず，改善の可能性が見出されなくなったとき，その児童は学校から排除された。学校に在籍する児童の境界画定の方法は，進級試験の結果といった明確なものではなく，教員による教育可能性の有無の判断という，より主観的で曖昧なものに代わったと言える。

エリクソン（1966=2014）は，上記のような逸脱者への処遇のなかで集団における規範を明確にするといった認識上の変化だけでなく，逸脱者を集団を不安定にさせない形で配備する仕方，いわゆる「配備パターン」を形成するといった実践上の変化をも捉えているが，まさに「劣等児」への処遇も学校・教員による「配備パ

ターン」の１つと言える。エリクソンは次のように述べている。

　　逸脱的な人間は集団的経験の外の限界に目印を提供し，規範に見通しと範囲を与
　　える対照点をもたらす（中略）どの社会も人びとを逸脱的位置に指名する独自の
　　方法，彼らを集団的空間の範囲をこえて配備する独自の方法をもっている。ここ
　　でそうした方法を「配備パターン」と呼ぶことにしよう（中略）行動の結果がす
　　べて正常な構造をもたらすよう「期待」されている。（同，pp.36-37）

例えばピューリタンは，反律法主義者やクエーカー教徒，セイラムの魔女らに対し
て，逸脱傾向の克服や改心の期待を見出さず，極めて厳しい罰を課していた。そこ
には，「逸脱行動は逸脱的態度が固着している特殊なタイプの人間によって犯され
る」という人間観があり（同，p.218），そうした観念に従った実践を通して，集団
内で正しいとされる規範を強固にしつつ，問題のある者を排除し，正しいか逸脱で
あるかの境界を明確にしたという。
　「劣等児」を学校に在籍させつつ，逸脱的位置に配備したことも，児童集団にお
ける教授活動を維持するうえで必要な「配備パターン」に従うものだったと考えれ
ば，そこに集団の活動を維持し，規範を強固にする新たな方法が現れたとみること
ができるだろう。児童の事情や「特性」に合わせた働きかけ方をすれば，授業の妨
げにならず，参加できる可能性がある，という児童観のもとで，「劣等児」を処遇
しようとし，その観念によって，「劣等児」を集団に内包しようとする教員の働き
かけや集団の維持のための取り組みを正当化していた。そして，働きかけによって
は授業に参加することが見込めない児童を排除することで，学校に在籍し続けられ
る児童の境界を明確にしようと試みたと考えられる。

8.　結論

　以上のとおり，児童の学業成績不振とそれによる教授の妨げを逸脱とし，その処
遇の仕方を議論することを通して，新たな学級集団を維持する教員の規範が形成さ
れたと同時に，「劣等児」という存在が成立した。明治の中ごろまで頻発していた
原級留置や中途退学が減少し，学力差のある児童によって構成される学年別の学級
集団ができてくると，それに応じて学校で働く規範や関係性に変化が生じたのであ
る。
　まず，「劣等児」を逸脱とみなす際に浮上したのは，児童が集団的な教授活動を

妨げることを問題とする視点であった。成績不振そのものが問題というよりも，成績不振であることで，他の児童の学習「進歩」が阻害されることが問題になった。

「劣等児」が成績不振となる原因を探るなかで発見されたのは，家庭の学校への非協力的な態度や，栄養不足といった生育環境の劣悪さを含む家庭の問題であった。それまで，中途退学していった児童とその家庭は，ほとんど学校の関心の対象にはならなかったが，「劣等児」が逸脱として位置づけられ，処遇の対象となったことで，その家庭も成績不振を解決する鍵を握る存在として認識されるようになった。

次に，教育関係者は「劣等児」の問題を議論するなかで，教員らが従うべき規範を形成していった。そもそも「劣等児」は学校で放置され，学業成績不振は，対応すべき問題として認識されていなかったが，教育関係者らはまず，そうした児童を放置してはいけないという基本的な規範を強調した。そして，対応にあたっては「同情」の念をもって処遇すべきという規範を形成していった。厳しく接したところで，児童の特性が変わるわけではなく，また家庭も生育環境を整える余裕がないところが多いため，教員が児童の事情を考慮した同情的な対応をするしかなかった。

「劣等児」処遇の特徴として，たんに成績不振を解決するための働きかけというよりは，成績不振であっても，授業の妨げにならないよう工夫していたことが挙げられる。教員らは，「劣等児」に対して積極的に指名をしたり，教員の近くに席を配置したりして，授業の妨げにならないような工夫を検討していた。

最後に，「劣等児」への処遇を検討するなかで，学校・学年に在籍し続けることのできる児童の境界が定められた。授業料不徴収と進級試験廃止によって，就学児童は大幅に増加し，成績不振の「劣等児」に対しては，それぞれの原因に応じた処遇によって，学校・学年に在籍させ続けるための配慮が模索された。それは，児童の原因に合わせた配慮をすれば，授業を妨げずに参加できる可能性があるという児童観に基づく「配備パターン」を示していた。ただし，児童の境界が無制限に広がったわけではなく，そうした配慮の効果が現れないと判断されると退学が促された。進級試験実施時の，試験の成績によって落第や中途退学が決まっていたことと比べると，教員による教育可能性の有無の判断という主観性の強い選別となった。

実際のところ，全国各地の小学校で「劣等児」に対して熱心な働きかけがなされたかは雑誌の記事から明らかにすることはできないが，「劣等児」問題に取り組むことを教員の職務とする認識が現れていたことは確かである。教員をはじめとする教育関係者は，雑誌記事のなかで，「劣等児」の問題を認識し，さまざまな原因を調べあげ，他の教員に紹介したり，それに応じてさまざまな処遇の方法を模索し，

効果が現れた自身の実践例を誇示したりすることで，教育界における自身の存在感や教員全体の「劣等児」対応への意識を高めようとしていたと言える。

〈注〉

(1) ここでいう「学級集団」とは，一人の教員が教授しうる児童数で構成された集団を指している。本稿では4節で関連する政策を示す。

(2) この時期に現れた類似する用語として「低能児」があるが，このカテゴリーはたんに成績不振だけでなく，先天的な特性により教育が不可能な存在として捉えられ，「劣等児」とは区別されていたため，本論では扱わない。小学校で教員をしたのち，障害児施設を創設した脇田良吉（1909）によれば，一般的に「劣等児といへば多く成績の劣等を意味してをる，低能児といへば教育の結果によらずして能力の低き事を意味してをる」という（同，p.1）。

(3) 「劣等児」に関する研究は基本的に，学業成績の不振をもたらす「原因」や「取扱」方法の特徴を，書籍や各地の実態から整理するものが多かった（小川2020，宇佐美　1994，小松　1995，矢島　2002，市澤　2002a，b，2003，中嶋・河合　2015，2016，2020ほか）。さらに，「劣等児」対応のための特別学級の設置の経緯や実態については，小松　1994，1996，柳本　2000，重栖　2002，林2019がある。

(4) 引用した史料における旧字体，異体字は，常用漢字，新字体に改めた。

(5) 全国の小学校の模範とされた学校の規則である『東京師範学校附属小学校規則』（1883）では，「三度以上引続キ落第スルモノハ退学セシムルコトアルヘシ」とされ（同，p.37），落第が続くと学校から強制的に退学させられることもあった。

(6) 例外として，明治20年代にも，長野県の松本尋常小学校において「落第生」を対象とした学級が設置されたことは知られているが，それは長野県が全国的にみて高い水準で小学校教育を整備し，就学率を向上させていたことや，松本小が在籍児童全体の学力を向上させる実践を行う先進的な学校であったことが背景にあったとされる（中嶋・河合　2006）。

(7) ただし，依然として単級や複式学級の学校は多かった。志村（1994）は，文部省年報の統計から学校ごとの学級数の推移を割り出しているが，明治34（1901）年には4学級以上編制できる学校が3割で，明治40（1907）年に義務就学期間が6年となったあとも，6学級以上編制できる学校は1911年には46.9%，1921年に

は57.0％であったという（同，p.10）。

　　しかし，単級学校であっても，学年ごとの教則が考慮されなかったわけではなく，多級学校と同じように，教授の順序や児童発達の程度を考慮した学年ごとの教育課程に従うべきという認識は示されていた。単級学校における教授法を示した川島（1900）では，「実際多級学校に於ける各年の課程は多く其程度の宜しきを得たるものなるを以て教授の順序児童発達の度を掛念する教授にありては多級学校の課程を多く変更すること能はざるものなり」とある（同，p.71）。

(8)　明治後期には，小学校教員らのあいだで，学校教育の効果を損ねないためにはそれに準じた「家庭教育」が整備される必要があるとの認識が共有されていた。山本（1993）は，明治20年前後にはすでに師範学校関係者らに「学校教育の効果を完全かつ迅速にするためにはそれと同じく近代教育学の原理に従った〈家庭教育〉を創り出していくことが不可欠であるという現実把握」が共有され（同，pp.186-187），日清戦争のころにはそうした認識が師範学校関係者らによる家庭教育書を通して，小学校教員らにも浸透したと考察している。

(9)　2節でも触れたが，「劣等児」に対応する必要性については，成績不振で「自暴自棄」となり，不良少年となって社会に害をなす可能性がある，という社会防衛の論理からも強調されることがあった（史料19，p.33）。明治後期は，感化法の制定や感化院の増設など，感化教育の必要性が強調された時期であり（久井2000，p.494），こうしたことを意識しながら「劣等児」論も展開されたと考えられる。

〈文献〉

Erikson, Kai T., 1966, *Wayward Puritans: a study in the sociology of deviance*, John Wiley & Sons, Inc. (=2014, 村上直之・岩田強訳『あぶれピューリタン 逸脱の社会学』現代人文社).

久井英輔，2000，「『未成年犯罪者』・『不良少年』をめぐる教育的論理の形成：明治期における感化教育論の言説に関する考察」『東京大学大学院教育学研究科紀要』第39巻，pp.489-497.

石川衣紀，2014，「日本特別学級史研究の動向と課題」『特殊教育学研究』52巻4号，pp.297-304.

川島庄一郎，1900，『単級学校教授及管理法』集英社.

金港堂編輯所編，1910，『全国附属小学校の新研究』金港堂.

教育ジャーナリズム史研究会編，1987，『教育関係雑誌目次集成　第Ⅰ期・教育一般編』第20巻，日本図書センター.

教育史編纂会編，1938，『明治以降教育制度発達史』第2-4巻，竜吟社.

前田博行・高橋智，2000，「近代日本の学力問題と促進（補償）教育―日本特別学級史研究の批判的検討―」『東京学芸大学紀要　第1部門　教育科学』第51集，pp.219-232.

茂木俊彦・高橋智・平田勝政，1992，『わが国における「精神薄弱」概念の歴史的研究』多賀出版.

森川輝紀，1982，「進級・卒業判定考―義務教育の展開と原級留置（落第者）―」『日本教育史研究』創刊号，pp.26-50.

中嶋忍・河合康，2006，「長野県松本尋常小学校の「落第生」学級に関する史的研究：「落第生」学級の設置・廃止の経緯と成績不良の考え方について」『発達障害研究』第28巻第4号，pp.290-306.

織田勝馬・白土千秋，1906，『小学児童劣等生救済の原理及び方法』弘道館.

大西圭介，2018，「明治30年代における教師の修養―雑誌『日本之小學教師』を手がかりに―」『筑波大学教育学系論集』第43巻第1号，pp.41-53.

阪本美江，2021，『「劣等児」「特別学級」の思想と実践』大空社出版.

斉藤利彦，1995，『試験と競争の学校史』平凡社.

佐藤秀夫，1970，「明治期における『学級』の成立過程」『教育』No.249，国土社，pp.18-25.

志村廣明，1994，『学級経営の歴史』三省堂.

東京府，1877，『小学試験法』.

東京師範学校，1883，『東京師範学校附属小学校規則』.

戸崎敬子，1993，『特別学級史研究』多賀出版.

脇田良吉，1909，『小学校に於ける成績不良児教育法』修学堂.

山本敏子，1993，「〈家庭教育〉創出のシナリオ」寺崎昌男・編集委員会共編『近代日本における知の配分と国民統合』第一法規出版，pp.179-198.

山根俊喜，1999，「明治前期の小学校における等級制，試験と進級―『日本的』学級システムの形成(1)―」第1巻第1号，pp.119-146.

――――，2014，「明治前期における日常的訓育評価―学制期の「日課表」の実践―」『地域教育学研究』第6巻第1号，pp.33-43.

ABSTRACT

"Retto-ji" as Deviants Who Interfered with Teaching: Examining the Discussion on Underachieving Children in Elementary Schools in the Late Meiji Period

In this article, the discussion of academically underachieving children (*Retto-ji*) in the late Meiji period is examined from the perspective of Kai T. Erikson (1966=2014). The article reveals how teachers' perceptions, norms and the boundaries of children enrolled in school changed when the teachers began teaching groups with different levels of academic achievements. The following processes were involved in the emergence of problems in academic underachievement.

First, differences in academic achievement occurred within the class. As a result of the abolition of progression examinations in 1900, children were grouped according to age rather than academic ability. Therefore, the differences in academic ability within the child group appeared as difficulties in the classroom.

Second, *Retto-ji* were seen as deviants who interfered with teaching. The problem was not so much that they were underachieving, but rather that they interfered with the learning of other children. Pupils began to be asked by teachers not to disrupt lessons.

Third, the causes of underachievement were mainly found in the children's families. Previously, children who flunked their progress exams and dropped out of school and their families were rarely the subject of teachers' concern. However, when *Retto-ji* were positioned as deviant and needing treatment, their families were also recognized as responsible for their underachievement. The families were expected to adopt a cooperative attitude towards schools.

Fourth, teachers imposed new problem perceptions and norms on themselves. Whereas previously *Retto-ji* were neglected in schools and underachievement was not recognized as a problem to be addressed, teachers took responsibility for not neglecting such children. In addition, teachers came to perceive that they should treat them with compassion. As *Retto-ji* were unable to develop academic skills on their own, and their families could not afford to improve their environment, the teachers took the children's circumstances into account so that they could keep up with their lessons.

Fifth, the treatment of *Retto-ji* was not so much to solve poor performance as it was to make teaching child groups with different levels of academic ability possible. Resolving underachievement was considered one of the means of making teaching viable.

Sixth, children who did not improve through the encouragement of teachers were excluded. By excluding such children, the conditions for staying in school and the boundaries of the group were clarified. In such cases, the boundaries of the group were determined by the subjective and ambiguous judgements of the teachers.

As discussed above, *Retto-ji* were established as a result of changes in policies, recognitions, norms, and treatments. They emerged not as disruptors to the new group, but as the shapers of group norms and order.

Keywords: *Retto-ji*, **deviation, boundary**

教育社会学研究第113集（2023）

一斉指導における教示理解の確認

——幼稚園の製作場面で用いられる否定誘発質問に着目して——

粕谷　圭佑

【要旨】

　本稿の目的は，一斉指導における教示理解のありようを，幼稚園でしばしば観察される園児に否定をさせる質問（否定誘発質問）の用いられ方を明らかにすることを通して検討することである。

　一斉指導において，教え手には，いま行っている教示を学び手が正しく理解しているかどうかを把握する必要が生じる。このような「教示理解の確認」として，「教師の側があえて間違える」ことを通して，学び手が「わかっているかどうか」を確認する方法が知られている。本稿はこうした実践知に相当する質問形式として否定誘発質問に着目し，その幼稚園年少級の製作場面での用いられ方を分析した。

　分析知見は次の三点である。第一に，否定誘発質問は，事前の教示との差異が可視化された状態が示されることで，否定の応答を促すものになっている。正しい状態からの差異を主張する発話はそれ自体で一定の教示理解を示すものであるうえ，否定の応答から教示の核心部分を更に問うことも可能となる。第二に，否定誘発質問による教示理解の確認は，教示される知識の伝達を公然化し，個々の園児の理解ではなく，園児集団の理解の確認が行われる。第三に，否定誘発質問は，教示理解の確認だけでなく，教示活動への園児の参与の促しとしても用いうる。これらを踏まえ，否定誘発質問を用いた教示理解の確認が，幼稚園年少級の教育場面という活動の文脈における合理性と幼児の社会化における意義を持つことを論じた。

　キーワード：幼稚園，エスノメソドロジー，相互行為

奈良教育大学

1. 問題の所在

本稿の目的は，一斉指導[1]において学び手が教示を理解しているかどうかの確認がいかにして行われているのかを，幼稚園の製作場面で観察された教え手が「あえて」間違いを示し学び手の否定を促すような質問（否定誘発質問）の用いられ方を明らかにすることを通して，検討することである。

一斉指導では，教え手（教師／保育者）は学び手（児童集団／生徒集団／園児集団）に対して，特定の知識を教示することが一般的に求められている。その際に，教え手にとっては，いま行っている教示が正しく理解されているかどうかを把握する必要が生じる。この作業にあたって「わかりましたか？」などの質問がしばしば使われる。このような，一連の教示の途中や最後に行われる教示を理解しているかどうかの確認を以下，「教示理解の確認」と呼ぶことにする。

「教示理解の確認」において「わかりましたか」などの質問形式を用いることは，教育実践家からしばしば批判されている。たとえば，授業の「達人」として名高い大村はまは，「わかりましたか」という教師の問いかけが，子どもからの「わかりました」を期待しており，子どもの側もその期待をくみとって「はい」と答えてしまいがちであると指摘し，教師にとって「わかりましたか」は禁句であると述べる（大村　1996，p.100）。また，同じく教育実践家の木村泰子も，学校での教師の「わかりましたか」という問いかけが，わからない子どもも一斉に「はい」と答えさせてきた，と批判している（木村・工藤・合田　2021，p.66）。それに対して，実践のなかで一定の評価を受けているのが，「教師の側が間違える」ことで，児童生徒の理解を確認する方法である。たとえば，算数の立式を教師があえて間違えて板書し，児童に指摘させるといった実践が報告されている（伊藤　2015）。こうした実践知は，たしかに経験的に納得できる部分があるものであろう。しかし，なぜ実践者によって述べられている上記のような方法が，一定の望ましさ（あるいは望ましくなさ）をもちうるのだろうか。

知識の伝達および知識伝達の確認に関して，教育社会学では，エスノメソドロジーの視点に基づいた分析が積み重ねられてきた。たとえば，「IRE連鎖」として知られる開始（Initiation）―応答（Reply）―評価（Evaluation）の3ターン連鎖は，その応答が直ちに行われるような質問の場合，授業の相互行為における既知の事項の確認として用いられること（Mehan 1979），IRE連鎖における質問の知識レベルの調整と応答の取り扱いによって応答者の試行錯誤的な探索活動が促されること

（大辻　2006），3ターン連鎖によって命題的知識とともに学級維持の規範的知識が伝達されること（森　2009），IRE連鎖において，教師と児童が正答となる文を協働して制作することで学級全体の学習事項が構成されること（山田　2018），などが指摘されている。こうした知見はいずれも，授業場面におけるさまざまな知識の伝達とその確認を相互行為の構成の次元で捉えている点で，実践者の経験的あるいは感覚的な実践知を分析的に明らかにしたものだといえる。

　では，先に述べたような直接的に教示理解の確認を行う質問（「わかりましたか」）に代替される「教師があえて間違える」という方法は，相互行為の構成において，いかなる特徴と働きを持つのだろうか。この方法が教育場面において一定の評価を受けているのであれば，その分析的記述は実践者が経験のなかで掴み取る実践知の一端を解明するものとなるだろう。

　そこで本稿は，一斉指導における教示理解の確認を検討すべく，「教師の側があえて間違える」と表現される行為，そのなかでも，幼い子どもに対してよく用いられるタイプの行為に着目する。それは以下の幼稚園でのやりとりに観察できるような，質問とそれに対する応答の連鎖である。

〈断片1〉分析ポイントの荒起し
保育者：こっち切りたいよーってこうやって切るの？
　園児：切んない　切んない

　後述するように，この事例はハサミの使い方を園児たちに教えている場面でのやりとりである。保育者は「ハサミはまっすぐ使う」という教示のあとに，ハサミを横に動かしながら上記の問いかけを行っている。それに対して，ある園児が「否定」の形で応答している。こうした否定を促しているように観察できる質問は，幼稚園ではしばしば用いられる。また，保育者はインタビューのなかで，否定で答えさせることで子どもが本当にわかっているかが確認できると語っている（FN.2022.4.10）。このような子どもに否定を促す質問を，以下本稿では「否定誘発質問」と呼び，その用いられ方の記述を行っていく。

2.　先行研究の検討：相互行為における理解の達成

　一斉指導において教示を理解しているかどうかを確認する行為（「教示理解の確認」）を検討するにあたり，「理解」は相互行為的に達成されるという前提を確認し

ておきたい。

　Coulter が整理するように，「理解する」は「遊ぶ」のような過程動詞ではなく，「勝つ」のような達成動詞である。そのため，「理解」は，行為の過程の経過を記述する概念ではなく，達成された成果を記述する概念である。また，理解していることを合理的に表明でき，合理的に帰属できるための基準は，相互行為の文脈のうちに与えられる公的なものとしてある（Coulter 訳書　1998, pp.75-76.）。すなわち，「理解があることの基準は，私的で内面的な心的もしくは経験の状態・過程といったものではありえない。むしろそれは場面設定（シーン）にかかわるものでなければならない」（Coulter 訳書　1998, pp.78.）。ウィトゲンシュタイン派エスノメソドロジーでは，このような「理解」をはじめとする心的概念の連関を，相互行為分析から経験的に明らかにする試みがなされてきた（西阪　1997, 前田　2008）。本稿の分析方針においても，「理解」を接近不可能な内在的概念としてではなく，相互行為を通して示されたり主張されたりすることを通して達成されるものである，という前提に立って検討を進める。

　相互行為における理解の研究は枚挙に暇がないが，ここでは本稿の分析対象である否定誘発質問の分析課題を明らかにするために，日常会話での相互理解に焦点を当てる。この点について，会話分析の「修復」（repair）研究は，日常会話に会話者同士の相互理解を保つ機会が構造的に備わっていることを明らかにしてきた。修復とは，会話において生じる発話の産出・聞き取り・理解をめぐるトラブルを対処する一連の組織化された手続きのことを指す（Schegloff et al. 訳書　2010）。修復に関する研究では，発話の中で修復の対象となる「トラブル源」が話し手あるいは受け手によって見いだされ，修復される際の秩序を明らかにしてきた。たとえば，Schegloff（1992）は，「第三の位置での修復開始」と呼ばれる修復組織と発話の相互理解の関係に着目している。「第三の位置での修復開始」とは，「トラブル源となる発話（T1）に対する受け手の反応（T2）によって，受け手が T1について何らかの誤った理解をしていることが明らかとなり，それに対して T1の話し手が自身の先行発話内のある要素をトラブル源として修復を自己開始・自己実行する（T3）」ものである（串田・平本・林　2017, p.202）。Schegloff（1992）は，この第三の位置の修復開始の機会が，話し手と受け手の間主観性を維持するための，構造的に配備された最後の機会であると指摘する。

　こうした修復研究の展開として，森（2019）は，一斉指導が行われる授業場面において，児童の発話にトラブルが発生した際の修復組織の体系的記述を行っている。

具体的には，児童の発話に含まれるトラブルに対して，まず発話に含まれる形式的誤りへの対処が行われ，教師側の理解確立が行われた後に，学級全体での理解の共有がなされていくことで，修復の準備が行われる。この点で，森（2019）の知見は，一斉授業を進行するという極めて基本的な課題に不可欠な話し手と受け手の理解の達成がいかに行われているかを明らかにしている。

　以上のような修復組織研究は，日常会話と授業場面のいずれにおいても，トラブルが明らかになった段階以降に行われる理解達成作業に焦点を当てたものである。こうした修復組織と比較したとき，本稿が着目する否定誘発質問に特徴的なのは，話し手（教師／保育者）からして受け手（園児）の教示に関する理解のトラブルが明らかになっていない段階で，予め理解が達成されているかどうかを確認する作業が行われること，つまり，理解のトラブルが発生する前に理解しているかどうかの確認が行われる点であるといえる。それゆえ，否定誘発質問によって，いかに園児たちの理解の主張が引き出されているのかが，検討すべき分析課題となる。

3.　調査概要と場面の特性

3.1.　調査概要

　本稿のデータを収集した調査の概要は以下のとおりである。

期間：2018年４月から2020年２月

対象：関東圏内私立幼稚園 X 幼稚園年少級「ほし」３組（仮名）

人数：年度当初の「ほし」３組　2018年度22名　2019年度23名

担任：2018年度　　T1先生（女性・当時入職11年目）

　　　　　　　　　T2先生（女性・当時入職２年目）

　　　2019年度　　T3先生（女性・当時入職６年目）

　　　　　　　　　T4先生（女性・当時入職５年目）

方法：映像撮影，参与観察，インタビュー

　幼稚園の教育方針は園によるバラツキが大きく，「一般的な」幼稚園の実践として記述することは困難を極める。そのため，本稿の分析課題である教示理解の確認作業が，相互行為上の課題として浮かび上がる実践を行っている幼稚園と場面を分析の対象とした。対象となる X 幼稚園は，関東圏内の私立幼稚園で，年少級から年長級まで計200名以上の園児が在籍している。小学校校長経験のある X 幼稚園の

園長によれば，X幼稚園は「集団生活を学ぶ」ことを重視しており，自由保育を重視した幼稚園に比べ園児たちの集団活動が比較的多く行われたり，時間の区切りや活動の区切りが明確であったりする点で，「学校的」な側面が強いという。

　本調査においては，入園式から5月連休まではすべての開園日に調査を実施し，5月以降は週1〜2回のペースで調査を実施した。データ収集としては，カメラ二台を用いた映像撮影，支援員的な参与観察に基づくフィールドノートの作成，日々の聞き取りの記録を中心に行った。加えて，各調査年度の8月には，収集した映像のデータ試聴を保育者たちとともに行い，映像に対する保育者たちの語りを記録した。また，X幼稚園では年少学年のクラスは，担任二人体制が取られており，時期やクラスの状況によって，一日の保育が主担当とサポート役の副担当に分けられている。

　本稿ではX幼稚園調査で収集したデータから，T1，T3，T4によって行われた「はじめてはさみを使う場面」〈断片1〉と「はじめてのりを使う場面」〈断片2〉〈断片3〉の分析を行う。

3.2.　場面の特性

　本稿が検討するX幼稚園年少級の活動では，〈断片2〉〈断片3〉で登場する「紙製こいのぼり」のように，園児たちが特定の作品を製作することが求められている[(2)]。そのため，保育者は，それぞれの園児に作業をさせるのに先立って，その日に何をつくりどの作業をどの順番で行うのかといった手順の指示を行う必要がある。それに加えて，はじめて製作場面に参与する年少児には，その活動で使用するはさみをどう動かすか，のりをどれくらい使用し，どのように塗るかといった道具の使い方の指示を一斉指導の形で行う必要がある。このように，はじめて一定の決まり事のもとで作業を行う年少児と保育者とのやりとりであるがゆえに，本稿が検討する場面は，学校の授業場面における教示理解の確認行為の原初的形態が観察できることが見込まれる。

　さらに，幼稚園年少級は月齢差が大きく，どれだけ言葉がでるか，指示の理解ができるかのばらつきが大きい年齢段階だと一般的に理解される。また，家庭での工作経験にもばらつきがあるために，保育者はこうした知識・能力のばらつきを踏まえて指示を行っていく必要がある。このような事情から，製作場面での教示は，幼稚園にしては比較的長い時間（10〜15分程度），丹念に行われることが多い。

　以上の特性を踏まえると，保育者は，園児集団に特定の知識を教示することに取

り組みながら，その教示が理解されているかどうかを確認し，さらにその教示活動に園児たちの関心をとどめ続けるという複数の課題に同時に対処する必要があると考えられる。以下では，こうした保育現場のローカルな状況も考慮にいれて分析を進める。

4. 分析

4.1. 事前の教示に対する差異の可視化

　まず，教示活動のなかで否定誘発質問がどのような場所に置かれるのかを確認する。教示理解の確認が，すでに行われた教示に対するものであるならば，それは教示が行われた箇所よりも後で生起するはずである。その位置取りと，応答者の否定を促すという特徴はどのような関係をもっているのであろうか。このことを〈断片1〉から検討していく。

　〈断片1〉は園児たちがはじめてハサミを使う製作場面である。園児は長方形の4人がけテーブルに着席しており，保育者は園児らの前で手本を示している。園児らの手元には黒いマジックで長方形が描かれたA4サイズの画用紙が配られている。同様の画用紙を保育者も手にしており，黒い線が描かれた面を園児の側に向けて説明を行っている。この日の作業はこの画用紙に描かれた黒い線に沿ってハサミで長方形を切り出していくというものである。

〈断片1〉ハサミで画用紙に描かれた長方形を切る[3]

01	T3：	<u>ね</u>．こうやって黒い線を切っていってください．
02		んで：：いま：：先生タテ切ったでしょこうやって【図1】
03		つぎ：：ここ切りたいな先生
04		こう切るときさ：こうやって【図2】
05		横に切らない．切らないのね：
06	C：	うん
07	T3：	もし：：切りたいときは：：
08	C：	うん
09	T3：	紙を：：(.) クルッって (.) して：：【図3】
10		かならず：ハサミがまっ↑すぐ切れるようにしてください．
11		横に切ったり：*こうやって切ったりしません
12		((*はさみを上から下に動かす))

13	C：	うん
14	T3：	刃 - えっと はさみの先っぽが 必ず（.）*前に
15		((*ハサミを前に出す))
16		自分の前に行くように切って<u>ね</u>
17		(1.2)
18	T3：	こうやって　まっすぐ*まっすぐ*まっすぐ*【図4】
19		((*切る))((*切る))((*切る))
20		で::こっち切りたいよ:ってなったらどうすんだっけ【図5】
21		(1.2)
22	T3：→	*こっち切りたいよ::って*こうやって切るの?
23		((*図5上辺をなぞる))　((*ハサミを横向きに動かす))
24	Ca：→	切んない　切んない
25	T3：	どうすんだっけ
26		(0.8)
27	Cb：	クルってする　((紙を回転させるジェスチャー))
28	T3：	そう　紙を::クルンってして::またここから:【図6】
29		チョッキン*チョッキン*チョキン*って
30		((*切る))　　((*切る))((*切る))
31		切ります　で*ここ切りたいよ:ってなったらどうするんだっけ?
32		((*図6上辺をなぞる))
33	Cb：	クルってまたする
34	T3：	そう　またクルってまわして:チョッキン チョッキン
35		って切ります

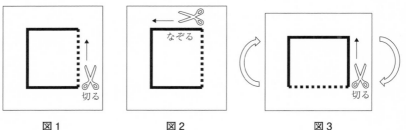

図1　　　　　　　　図2　　　　　　　　図3

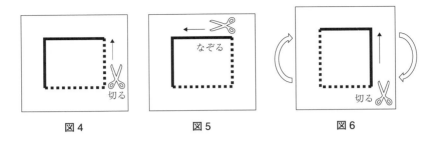

図4　　　　　　　　　図5　　　　　　　　　図6

　保育者T3は，「黒い線を切る」という作業をするにあたって，「ハサミを前に
まっすぐ」使うことの教示を行っている。それは，園児たちにはじめに見せた動き
がタテに切ることであることを確認したあと（02行目「タテ切ったでしょこうやっ
て」），横線を切るという作業に擬似的に着手する際に，具体的に示される（09行目
「紙をクルってして」）。つまり，動かすのは紙の方であってハサミではないことが
教示されている。

　その後，保育者は「ハサミを前にまっすぐ」使うことを再度口に出して，依頼の
形式で園児に伝えながら，お手本の紙を切る作業を，直前の教示内容を強調しなが
ら進めていく（18行目「まっすぐ　まっすぐ　まっすぐ」）。否定誘発質問は，その後，
保育者の作業が再びタテ線を切り終わったところ（図4）で行われる。保育者はハ
サミの正しい向きを，はじめは開放系の質問形式で聞き（20行目「どうするんだっ
け？」），その質問に対する応答の不在が観察されたところで（21行目），yes-no質
問の形式に組み替え直して再度質問を行っている（22行目）。

　このとき，ハサミの動きは直前の教示（ハサミは前にまっすぐ使う）との差異を
可視化するものになっている。それにより，この質問への正答が否定であることは
十分理解できるものになっている。現に，園児のうちの一名が，この質問に声を出
して答え（24行目「切んない切んない」），保育者は再度開放系で質問をやり直し
（19行目），紙を回す（「クルってする」）という具体的な動作の知識を，園児の側が
答えている[4]。

　以上のように，否定誘発質問は，教示のあとに置かれ，その教示との差異を可視
化するように構成されることで，否定を促すものになっている。〈断片1〉におい
ては，園児による否定の応答は，直前の教示内容を園児の側に答えさせる資源と
なっている。このように，否定誘発質問は，教示を理解したかどうかを文字通り聞
く（「わかった？」「いいですか？」のような）方法をとらずに，教示との差異を示

して否定させ，教示内容を確認する連鎖を生起させる効力を有している。園児の側から否定の応答が発せられたり，教示内容が答えられたとき，教え手からしたら，学び手側がその内容を理解していると捉えることができるだろう。この意味で，教示理解の確認は達成されているといえる。

ただしここで注意したいのは，このときの教示理解の確認が，個々の園児全員の理解を指しているのではないことである。〈断片1〉においても，否定誘発質問にたいして声を出して応答している園児は2名にすぎず，他の園児はなにも言わず，またうなずきをすることも，首を横にふることもせず，保育者の方を見続けている。園児を対象にした一斉教育場面において，こうした場面はむしろありふれていると言えるかもしれない。それゆえ，否定誘発質問を用いて，園児の側に教示内容を答えさせたとしても，それは，その応答をした特定の園児の理解を確認する作業にはなるかもしれないが，その場にいる個々全ての園児に対する教示理解の確認作業にはなりようがない。では，このような相互行為上の課題を保育者はどのように取り扱っているのだろうか。

4.2. 集団としての教示理解の確認

次の事例から示すのは，否定誘発質問が，個々の園児の教示理解を確認するものではなく，集団としての教示理解の確認作業だということである。このことを，否定誘発質問に対して，一部の園児が肯定をしている〈断片2〉から検討していく。

〈断片2〉は園児たちがはじめてのりを使う場面である。園児の手元には画用紙で作られたこいのぼりの形をした本体パーツと，小さく円形に切り取られた直径約3cmの黒目パーツがある。本体パーツにはすでに白目部分が貼り付けられている。これらの素材はすべて自由画帳を裏返した上に置かれており，保育者は園児らの前で手本を示していく。また，X幼稚園ではのりの付け方に二種類の区別がされている。ひとつは，比較的小さい材料にたいしてその全面にのりを塗る「ぜんぶのり」であり，もうひとつは比較的大きい材料にたいしてその縁にだけのりを塗る「まわりのり」である。ここでは，こいのぼりの黒目パーツに「ぜんぶのり」をするように指示が与えられていく。この断片に先立って，保育者は園児たちに「のりをたくさん取るとべたべたして大変」ということと，「のりはダンゴムシくらいの大きさで取ること」を伝えている。

〈断片 2〉画用紙でできたこいのぼりの黒目パーツにのりを塗る

01	T1:	はい. *ここ（0.2）このね（.）自由画帳にまず置きます.【図 7】
02		((*黒目パーツを右手で指す))
04	T1:	そしたら：の↑り（.）これぐらい*か↑な
05		((*指についたのりをみせる))
06	Cc:	え：[：
07	T1:	[つ：：け：：て：：ここに*ぐるぐるぐるぐる：：って
08		((*のりを黒目パーツにつける))
09	T1:	はい ↑ぜんぶにのりつけます【図 8】
10		ちょっとで足りるね：：
11	Cs:	((うなずき))
12	T1:→	これ先生*いっぱいとった？
13		((*右手で大ぶりに掬うジェスチャー))
14	Cs:→	((うなずき))
15	Ce:→	とって[な：：い
16	T1:→	[ちょっとしかとってないよね：
17		これ全部につけるのでぜ：んぶのりっていいます
18		は↓：↑い
19	Cs:	[ぜんぶのり
20	T1:	[ぜんぶのり
21		ほら みてごらん

　ここでも否定誘発質問は，事前の教示との差異を可視化する形で行われている。保育者 T1 は，手本としてのりを取る際に，指につけたのりの量を園児に見せ（04-05 行目），そののりの量に「ちょっと」という評価の副詞句を用いて同意を求めて

図 7

図 8

いる（10行目「ちょっとで足りるねー」）。それに対して，複数の園児がうなずきで同意を与えている。その後，保育者はいま取ったのりの量を園児にたずねている（12行目「これ先生いっぱいとった？」）。この質問は，直前とは相対する評価の副詞句（「いっぱい」）が使われ，かつ大げさなジェスチャーが付されることで，直前の教示との差異が際立たされており，否定を誘発するデザインになっている。

　しかし，この否定誘発質問に対して，複数の園児がうなずきで同意を与えている（14行目）。この同意＝肯定が行われた理由は定かではない。日常会話において典型的には同意を求める質問に対しては同意の応答が優先される（Pomerantz 1984）。「これ先生いっぱいとった？」という発話それ自体は，手にとったのりの量の評価を求める発話である。だから，それに同意することが発話の構成上は優先され，その優先性組織に園児たちが志向したために同意がなされていると言えるかもしれない。あるいは，保育者が行う教示の進行性を保つために，園児が発話の順番をとることを差し控え，進行を促すことが志向されている可能性もある（Schegloff 1982）。いずれにせよ，この園児の同意を保育者は取り扱わず，他の園児による応答が発され始めたタイミング（15行目「とってない」）で，その発話に同意する形で否定の応答を与えている（16行目「ちょっとしかとってないよね」）。

　ここから，否定誘発質問の完了が，すべての園児による正しい理解の表示を必ずしも必要としないものであることが示唆される。特定の個人を宛先とせずコホート化（集団化）して教室全体に発された質問に，たとえ一人の園児によってでも応答が与えられた場合，保育者はその発話を園児集団全体の応答として取り扱うことができる（Payne & Hustler 1980）。〈断片 2〉においても，園児 E によってなされた応答（15行目「とってない」）に対し，保育者は全体に向けた発話と変わらない声量で同意することで，園児 E による「否定」を園児集団全員の応答として取り扱っている。もっとも，16行目の保育者の発話は，園児 E による発話が「否定」であることが認識できるよりも前のタイミングで発されている。しかしそれでも，園児 E の応答を否定として聞いた場合の応答として保育者の発話がデザインされていることで，コホート化は成し遂げられているといえる。このように特定の園児の応答を園児集団全体の応答として扱うことで，否定誘発質問によって行われる確認は，個人ではなく，集団としての教示理解の確認としての身分を持つものとなる。

　一斉指導において，このように集団としての教示理解が確認されることは，そこで確認された知識の伝達を公然化し，教示の一旦の終結を作り出すことができる。実際に，〈断片 2〉では，のりの量に関する教示は，否定誘発質問の連鎖によって

終えられる。その後，保育者は教示されたのりの使用法が「ぜんぶのり」という名のもとで行われるものであることを，発話の繰り返しの要求とそれへの応答という「反復対」（森 2009）を用いて示している。この意味で，否定誘発質問はそもそも個々の園児全員の理解を確認することに差し向けられていない。それは，かならずしもすべての園児たちの否定が与えられなければ先に進めないものではない。それだけでなく，園児の側から正しい理解の表示（否定）が得られない場合でも，園児集団全体の理解の確認を達成する行為としてデザインすることができるのである。

　否定誘発質問が，集団としての教示理解の確認に向けられたものであるとすれば，それは年少級の園児をはじめとした幼い子どもの理解を確認する難しさをある程度解消するものであるといえるだろう。さまざまな発達段階や言語獲得状況の子どもが混在する幼稚園年少級において，多くの子どもから質問への応答が必ずしも期待できないだけでなく，そもそも応答が得られない場合もある。そのような状況において，否定誘発質問を用いた教示理解の確認は，集団の理解を確認したことにできる規範的な方法であるといえる。

4.3. 否定誘発質問を用いた参与の促し

　前節まで，否定誘発質問が教示理解の確認を導くものであることを検討してきた。本節では，否定誘発質問が園児たちの教示活動への参与への促しとしての効力も持ちうるものであることを示していく。

　〈断片3〉は，〈断片2〉と同様に，紙製の「こいのぼり」を作成する場面であるが，年度は異なっている。保育者は，すでに白目が貼られたこいのぼりホワイトボード上の本体パーツのどこに黒目パーツを貼るべきかを園児らに問いかけている。

〈断片3〉黒目の位置

```
01  T4：　　じゃあ今から先生が黒目貼るから間違えてたら教えて？
02  　　　　合ってたら（.）教えて？　じゃあ　ここかな【図9】
03  Cf：　　ちが：［う
04  Cg：　　　　　［ちがう
05  T4：→　オッケ：：？
06  Cs：→　ちが：：う
07  T4：→　え？（（手を耳の横につける））
08  Cs：→　ちが：：う
```

09 T4：→ あ（.）ちがうね：ちがうね もっとみんな大きな声でおしえて
10   こ［こかな【図10】
11 Cs：   ［ちが：：：う
12 T4：   （（黒目をさらに外れたところに移動させる））［ここ？【図11】
13 Cs：   ［ちが：：：う
14 T4：   （（黒目を白目の上に置く））【図12】
15 Cs：   あってる：：あってる：：
16 Ch：   あってるあってるあってる
17 T4：   あってる？
18 Cs：   うん
19 T4：   おっけい？　そうです：：しろい：：まるのおめめのなか↑に
20   黒目も一緒に入れてあげてください　い：い？

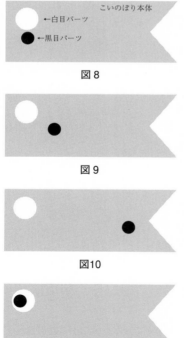

図8

図9

図10

図11

保育者 T4 は，こいのぼりの本体パーツに貼られた白目部分から外れたところに黒目パーツを置き，園児たちに否定させている。このとき，ホワイトボードには，保育者が作成した完成版のこいのぼりが貼られており，園児たちは黒目パーツの正しい位置を視覚的に確認できる状況にある。また，こいのぼりの完成形は事前に園児たちに紹介されている。それゆえ，白目パーツから離れた場所に黒目パーツが置かれる状態は，事前の教示と対比された状態として可視化されており，否定を導くものになっている。

ここで，二名の園児から最初に出される「ちがう」という発話（03-04行目）は，撮影カメラに明瞭に収録されており，保育者 T4 にも十分聞き取れるであろう声量で発されている。しかし，保育者は，当初の園児の応答を受け止めることをせず，現在の黒目パーツの場所についての確認の要求を

行い（05行目「オッケー？」，さらに複数の園児から応答が行われたあとにも，聞き返しを行っている（07行目）。その聞き返しに応えるように園児らがそれまでより大きい声量で発話をしたところで，保育者はやっと園児の応答を受け止め，さらに大きな声で応答することを依頼している（08-09行目）。

　ここから観察できるのは，否定誘発質問が，教示理解の確認だけでなく，教示活動に対する参与を促すものとして扱われていることである。もちろん，保育者は，園児がその後の作業で黒目パーツを白目パーツから外して貼ってしまう可能性があることを経験的に知っているからこそ，ここで否定誘発質問を行って教示理解の確認をしているといえる。しかし同時に，間違った状態を否定する応答が引き出された後でも，「大きな声で」応答することを保育者は求めている。このことは，教示を繰り返し丹念に行うがゆえに，一方的かつ関心や注目が拡散してしまいがちな教示場面の状況に，園児たちを参与させる効力を持つといえるだろう。

　とりわけ，ここで否定が用いられることも参与への促しに関係しているように思われる。もし正しい状態が示されて，そのことの確認を保育者が求めた場合，園児たちはその状態を肯定するのみとなる。しかし，保育者が間違った状態を示してそれを園児が否定する場合，否定の応答は保育者によって正しい状態が示されるまで続けることができる。裏を返せば，保育者はどれだけ間違った状態の提示を続けるかによって，園児たちの参与の度合いをコントロールすることができるのである[5]。

5.　結論

　本稿の目的は，一斉指導における教示理解のありようを，幼稚園でしばしば観察される園児に否定をさせる質問（否定誘発質問）の用いられ方を明らかにすることを通して検討することであった。

　分析知見は次の三点である。第一に，否定誘発質問は，事前の教示との差異が可視化された状態が示されることで，否定の応答を促すものになっている。正しい状態からの差異を主張する発話はそれ自体で一定の教示理解を示すものであるうえ，否定の応答から教示の核心部分を更に問うことも可能となる（4.1.節）。第二に，否定誘発質問による教示理解の確認は，教示される知識の伝達を公然化し，それによって個々の園児の理解ではなく園児集団の理解の確認が達成される（4.2.節）。第三に，否定誘発質問は，教示理解の確認だけでなく，教示活動への園児の参与の促しとしても用いうるものである（4.3.節）。

　これらの分析知見は，幼稚園年少児に対する一斉指導が持つ独特の難しさと呼応

しているように思われる。さまざまな発達段階や言語能力の子どもが集まる年少児クラスでは，ある子どもには一回で伝わる教示が他の子どもには伝わらない可能性が常にある。そのため保育者は，繰り返し丹念に教示を行うだけでなく，園児集団の教示理解の状況に即して教示を調整することをしなくてはならない。それに加えて，保育者は教示活動の時間が延びることで分散した園児の集中や関心を引き戻すことも行わなくてはならない。こうした複数の課題が重なった教示活動において，園児からの教示理解の主張を引き出して，その理解の確認を集団全体のものとし，かつ園児らの参与を促す効力をも持つ否定誘発質問の使用は，活動の文脈において適したものになりうる。

　以上の検討のうち，否定誘発質問によってなし得るのは，園児の個々の理解ではなく，園児集団としての理解の確認でしかないという結論は，一斉指導の限界として批判を呼び込むものかもしれない。しかし，たとえ個別指導が行われたとしても，個々の園児の理解の達成は，教示理解の「確認」の達成とイコールでは結ばれないことに注意したい。「教示を理解した」とみなせるかどうかは，その後に教示に従う行為（Garfinkel 2002）を実現できるかどうかにかかっているからである。

　より重要に思われるのは，園児集団としての理解が確認されることで，教示が展開し積み重ねられていく活動のなかに，個々の園児が投げ込まれているということである。個々の園児がいつ教示に従う行為を実現できるかは原理的に見通すことができない。むしろ，結城（1998）が，園児の行動変容を「だんだんに，ちゃんとする」過程として特徴づけているように，教えられたことがあるときにはできたが，あるときにはできなくなる，といった行きつ戻りつのプロセスを想定するほうが，幼児の学習の自然な捉えであるといえるだろう。だからこそ，幼稚園での教示活動においても，一度の教示で必ずその知識を習得することが目指されるよりも，一定程度の理解の確認ができたら先に進み，教示が展開する幼稚園での生活を進めていく形が，最終的な教示の達成に向けた合理性を有しているといえる。この意味で，否定誘発質問が用いられる幼稚園の教育場面は，幼稚園という組織と幼児という構成員を結ぶ「現場」としての具体的な相互行為場面（阿部　2011）であると同時に，幼児の社会化場面にほかならない。

　本稿の課題として，幼稚園以降の教育場面を今後検討する場合，「教師があえて間違える」教示には，他にもさまざまなバリエーションがあることにも留意しなければならないだろう。小学校や中学校での実践においては，板書された式の間違いを指摘させるように，質問の形式を用いず，また児童生徒の否定を促す形でもない

教師の「間違い方」が行われることがある。こうしたバリエーションが，本稿が記述した一斉指導場面での教示理解の確認の方法の派生体であるのか，それともまったく違った方法であるのかは，経験的に検討する必要があるだろう。

〈附記〉

　調査にご協力いただいた方々に深く感謝いたします。なお本稿は2020年度提出博士学位請求論文（立教大学）第5章を大幅に加筆修正したものである。また，科学研究費助成事業（22K13650）の助成を受けた成果の一部である。

〈注〉

(1)　幼稚園教育において「一斉指導」という用語は行政的には使用されないが，本稿においては，少数の教え手が多数の学び手に対して，一定の時間内に同一の事項を指導する教育形態を指してこの用語を用いている。

(2)　幼稚園の製作活動は多くの幼稚園で行われているにも関わらず，意外にも現行の幼稚園の教育課程の公的基準である『幼稚園教育要領』（以下『要領』）では，その位置づけは必ずしも明確ではない。現行の『要領』は平成29年の第5次改訂版であるが，製作活動については平成元年の第3次改訂版を基本的に踏襲している。もともと幼稚園の製作活動は昭和39年版『要領』では保育内容「絵画製作」領域として位置づけられていたが，平成元年の『要領』改訂では，この保育内容の基本方針が大きくかわり，従来の絵画制作は「表現」領域に含まれるものとなった。この領域名変更のねらいには，幼稚園教育を「保育者の側」ではなく「幼児の側」から実践する意図があったとされる（森本・川上　2008）。このような展開のなかで，製作物と製作方法を指定する本稿の事例のような活動は，「子どもの自主性・主体性」の発揮を損なうものとして捉えられうるかもしれない。幼児教育研究の領域ではこうした問題点を乗り越える実践のあり方が検討されてきた（武内　2014，坂田・高橋　2020）。しかし，本稿の分析課題は，このような学校の授業的な制約のもとでなされる教示理解の確認にあるため，その幼児教育的意義については問題にしない。

(3)　トランスクリプトの凡例は以下の通り．

> T○　○先生の発話，C 一人の園児による発話，
> Cs　二人以上の子どもの発話，C○　園児○による発話

> ：発話の伸ばし，＝密着した発話，［同時発話，（（文字））動作と注記
> *発話と動作の開始点，（数字）数字秒の間，→分析において注目する行
> ↑音調の上がり　↓音調の下がり

(4) 〈断片1〉では，保育者はこのあと再び開放系の質問を用いて，教示理解の確認の質問を行っている。その際，否定誘発質問が保育者に用いられるより前に，園児が「クルッとする」という教示の核心的内容を答えることで，応答が完了されている。

(5) 間違った状態を繰り返し提示して，園児たちに参与を促すやりとりは，調査中ほかにも観察された。たとえば，保育者が読み聞かせする絵本をあえて逆さまに持ち，それを園児に「ちがーう」と指摘させたあと，今度は横向きに持ち，より多くの園児に指摘の声をあげさせる場面があった。

〈引用文献〉

阿部耕也，2011，「幼児教育における相互行為の分析視点―社会化の再検討に向けて」『教育社会学研究』第88集，pp.103-118.

Coulter, J., 1979, *The Social Construction of Mind: Studies in Ethnomethodology and Linguistic Philosophy*, Macmillan，（＝1998，西阪仰訳『心の社会的構成：ヴィトゲンシュタイン派エスノメソドロジーの視点』新曜社.）

Garfinkel, H., 2002, *Ethnomethodology's Program : Working Out Durkheim's Aphorism*, Rowman & Littlefield.

伊藤幹哲，2015，『算数授業のユニバーサルデザイン』東洋館出版社.

木村泰子・工藤勇一・合田哲雄，2021，『学校の未来はここから始まる』教育開発研究所.

串田秀也・平本毅・林誠，2017，『会話分析入門』勁草書房.

前田泰樹，2008，『心の文法』新曜社.

Mehan, H., 1979, "'What time is it, Denise?': Asking known information questions in classroom discourse," *Theory into practice*, 18(4), pp.285-294.

森一平，2009，「日常的実践としての『学校の社会化』―幼稚園教室における知識産出作業への社会化過程について」『教育社会学研究』第85集，pp.71-91.

――――2019，「一斉授業会話における修復の組織再考」『教育学研究』第86巻，第1号，pp.1-12.

森元眞紀子・川上道子，2008，「保育内容に関する研究(1)―平成元年版幼稚園教育要領改訂に焦点を当てて」『中国学園紀要』第7号，pp.109-119.

西阪仰，1997，『相互行為という視点』金子書房.

大村はま，1996，『新編　教えるということ』筑摩書房.

大辻秀樹，2006，「Type M：『学ぶことに夢中になる経験の構造』に関する会話分析からのアプローチ」『教育社会学研究』第78集，pp.147-166.

Payne, G & Hustler, D., 1980, "Teaching the Class: the practical management of a cohort," *British Journal of Sociology of Education*, 1(1), pp.49-66.

Pomerantz, A., 1984, "Agreeing and disagreeing with assessment: Some features of preferred/dispreferred turn shapes," Mxwell, A.J., & J, Heritage. eds., *Structures of social action: Studies in conversation analysis*, Cambridge University Press., pp. 57-101.

Schegloff, E. A., 1982, "Discourse as an interactional achievement: some uses of "uh huh" and other things that come between sentences," Tannen, D., ed., *Analyzing discourse: Text and Talk*, Georgetown University press, pp.71-93.

Schegloff, E. A., 1992, "Repair after next turn: The last structurally provided defense of intersubjectivity in conversation," *American Journal of Sociology*, 97(5), pp.1295-1345.

Schegloff, E. A., Jefferson, G., & Sacks, H., 1977, "The preference for self-correction in the organization of repair in conversation," *Language,* 53(2), pp.361-382., (＝2010，西阪仰訳「会話における修復の組織―自己訂正の優先性」『会話分析基本論集：順番交代と修復の組織』世界思想社，pp.157-246.)

Sacks, H., Schegloff, E. & Jefferson, G., 1974, "A simplest systematics for the organization of turn-taking conversation," *Language*, Vol.50, No.4, pp. 696-735., (＝2010，西阪仰訳「会話のための順番交代の組織―最も単純な体系的記述」『会話分析基本論集：順番交代と修復の組織』世界思想社，pp.7-153.).

坂田葵・高橋司，2020，「環境要因型製作活動への提唱―子どもの思いがいきる一斉保育の製作活動―」『佛教大学教育学部学会紀要』第19号，pp.51-80.

武内裕明，2014，「幼稚園の実習生は何を手掛かりに保育を構想するのか―ぶどうに目をつけた製作場面に関するインタビューから」『弘前大学教育学部紀要』第111号，pp.121-128.

山田鋭生，2018，「授業のなかで作られる『事実』と『学級』」『教師のメソドロ

ジー』北樹出版.

結城恵，1998，『幼稚園で子どもはどう育つか：集団教育のエスノグラフィ』有信堂.

ABSTRACT

Confirming Instructional Comprehension
in Mass Teaching Lessons:
Focusing on Negative-Inducing Questions Used in Kindergarten

The purpose of this paper is to examine the nature of instructional comprehension in simultaneous instruction by clarifying the use of negative-inducing questions, which are often observed in kindergartens.

In simultaneous instruction, it is necessary for the teacher to grasp whether or not the learner correctly understands the instruction that is being given. "Confirmation of instructional comprehension" is a known method of checking whether the learner "understands" through "daring to make a mistake on the teacher's side" as a method of practical knowledge. This paper focuses on negative-inducing questions as an actual mutual action that corresponds to such practical knowledge and analyzes how it is used in a production scene in a young kindergarten class.

The findings of the analysis are as follows. First, the negative-inducing question is designed to prompt a response of negation by presenting a situation in which the difference from the prior instruction is made visible. The utterance asserting the difference from the correct state itself indicates a certain understanding of the teaching, and the response of negation makes it possible to further question the core of the teaching. Second, the confirmation of instructional understanding through negative-inducing questions publicizes the knowledge being taught, thereby confirming the understanding of the group of preschoolers rather than the understanding of individual preschoolers. Third, negative-inducing questions can be used not only to confirm teaching comprehension, but also to encourage preschoolers' participation in the teaching activity. Through the above analysis, we have shown that negative-inducing questions are used adaptively in the context of the teaching activity of production at the kindergarten level.

Keywords: kindergarten, ethnomethodology, interaction

研究レビュー

教育社会学研究第113集（2023）

障害児教育に関する社会学的研究の動向

木村　祐子*　　鶴田　真紀**　　末次　有加***　　佐藤　貴宣****

1.　本論の目的

　本論の目的は，障害児教育の社会学的研究をレビューすることにより，日本の障害児教育における論点を捉えなおし，今後の展望について検討することにある。

　戦後日本の障害児教育は，1947年の教育基本法と学校教育法の公布・施行による盲学校，聾学校への就学の義務化，養護学校の制度創設，1979年の養護学校の義務化，2007年の学校教育法改正による特別支援教育の施行にみられるように，障害児の教育環境を拡充させてきた。他方で，1994年にサラマンカ宣言で提言された「特別ニーズ教育」や2006年の国際連合において採択された「障害者の権利に関する条約」（障害者権利条約）をきっかけに，国際的にインクルーシブ教育の機運が高まった。日本は，障害者権利条約の批准に向けて，障害者基本法の改正（2011年），障害者差別解消法の制定（2013年）など次々に障害者制度の改革を行い，2014年に批准した。障害児教育においては，障害者基本法の改正で，障害児と非障害児が共に教育を受けられるよう配慮することやそのための教育内容や方法を改善・充実させることが規定されている。こうして，「特別な教育的ニーズ」をもつ子どもが一般的な教育制度から排除されることがないように，インクルーシブな教育実践が模索されている。しかしながら，障害児のための支援制度やプログラムが整備され，それらの対象になる児童は増え続けているが，包摂とは何かをめぐって，障害児の教育の場（分離別学／共生共学），投棄（身体的条件に応じた支援の欠如），資源配分の不平等，進路選択の制限，支援プログラムの過剰な拡大と依存などのジレンマ

*東京成徳大学　**創価大学　***大阪総合保育大学　****大阪大学

を抱えている（榊原　2012, 2013, 星加　2022, 二羽　2022, 他）。

　教育社会学は, 長い間, 障害児教育に関心を示してこなかったのであるが, 2010年代になると論文数が増え始める[1]。その背景には, 前述したインクルーシブ教育についての共通認識の高まり, 障害者権利条約で定められた障害児者への合理的配慮の提供とその考えの根底にある「社会モデル」の普及がある。社会モデルは, イギリスの障害者運動の中で提唱され, 障害を医学や心理学的なパースペクティブに基づいて身体機能の欠損（impairment）とみなす（個人モデル）のではなく, 社会によってつくられた障壁（disability）とみなし, それらをとりのぞくのは社会の責務であるとする考え方をさす（Oliver 訳書, 2006）。「社会モデル」の考え方が世界各国の障害児・者運動, 政策, 支援実践に与えたインパクトは大きく, それは日本の障害児教育においても同様である。しかしながら, 「変わるべきは社会」というスローガンを掲げる「社会モデル」は実際のところ限定的に用いられることが多く, 当事者の生きづらさを助長するだけでなく, 理論装置としても限界が指摘されている（榊原　2012, 2013, 星加　2022, 他）。近年, 社会モデル批判を乗り越える方法として当事者研究[2]に注目が集まっているが, 当事者研究においても個人（身体）と社会の線引きの仕方, 非障害者と障害者の間にある権力の非対称性, それらに基づいた障害者個人への帰責の問題が指摘されている（西倉　2022）。いずれにせよ, 子どもの場合, 親や支援者主導にならない当事者研究が可能なのかについては疑問が残る。このように, 「社会モデル」は遍く普及しているが, そこに内在する問題が解消されているとは言い難い。

　教育社会学の障害児研究の特徴は, 逸脱研究で培ってきた解釈的アプローチ, 相互作用論, 構築主義などの枠組みを用いて, 障害というカテゴリーを既知のものと捉えず, 人々の相互行為をとおして理解しようとする点にある。この点で教育社会学は, 社会モデルの考え方に依拠して事例研究を積み重ねている。しかしながら, そうした研究からみえてくるのは個人（身体）と社会, 分離と共生, 別学と共学の間で揺れ動く葛藤やジレンマの存在であり, このような二分法を捉えなおし, 乗り越える視点も検討されている。そこで, 本論では, 教育社会学や近接領域で障害教育をテーマにしている研究のなかで学校, 特に教室という場における相互作用研究（2節）, 学校外の支援現場における相互作用研究（3節）を主に取り上げる。つまり, 教室空間において障害児を巻き込みながら遂行される日常のコミュニケーションを主題とする研究のみならず, 保護者や教師, 他の専門職など, 学校の内外にまたがる障害児に関わる多様なアクターたちの間にみられる関係性や相互作用に

フォーカスした研究を広くレビューするということである。さらに，障害児教育と
その社会学的研究が抱えてきたジレンマについて整理する（4節）。また，日本の
障害児研究は，イギリスの障害学の発展や社会モデルに基づいた社会政策の影響を
受けているため，イギリスの研究動向について紹介する（5節）。以上のように，
本論では『教育社会学研究』だけでなく，近接領域の社会学的研究を適宜参照しな
がら，障害児教育の研究動向を概観する。（木村）

2. 教室空間における相互作用

　本節では，教室における障害児をめぐる教育実践を，相互作用の観点から検討し
た研究を紹介する。本節で主にとりあげるのは，インクルーシブ教育をめぐる近年
の教育実践に関する研究である（2.1.）。その後，時系列はさかのぼるが，特別支
援学校における教育（2.2.）と教師に着目した研究（2.3.）について述べることに
する。

2.1. 通常学級におけるインクルーシブ教育実践に関する研究

　1990年代以降，質的調査に基づいて障害児教育にアプローチする社会学的研究が
蓄積されていく中で，とりわけ2010年代半ばから顕著となるのが，通常学級におけ
るインクルーシブ教育の実践に焦点をあてた研究である。2010年代半ばというのは，
2007年に特別支援教育制度が開始され，その後さまざまな実践が展開される中で，
2012年に中央教育審議会初等中等教育分科会が「共生社会の形成に向けたインク
ルーシブ教育システム構築のための特別支援教育の推進（報告）」を発表し，文部
科学省の主導のもとインクルーシブ教育が推進されてきた時期と重なってもいる。
そして教育社会学は，この特別支援教育におけるインクルーシブ教育のあり方に対
して批判的な関心を向けてきたのである。

　たとえば二羽（2015a）は，日本の中で先駆けて1970年代から通常学級で障害の
ある子どもも「共に学ぶ」取り組みをしてきた学校を取り上げ，教育における障害
児の差別や不平等に向き合い，乗り越えていこうとする教育実践を検討している。
障害児に対する差別や不平等を乗り越えるには，それらを生み出す差異を，障害児
個人ではなく，学級集団に帰属させる必要がある。だが，特別支援教育は，障害児
の差異を，改善・克服すべき困難として個人に帰属させ，スティグマを付与してい
くと主張する（二羽　2015a）。また，原田（2017）は，大阪市立大空小学校の実践
を分析的に記述し，誰をも排除しないインクルーシブな学校をいかにしてつくるか

を探究する。その関心の根底にあるのは，特別支援教育が擁するインクルーシブ教育システムが，包摂どころか，逆に排除を推し進めてしまっていることへの危惧である（原田　2017，p.56）。

　さらに，インクルーシブ教育の実践を成り立たせている相互行為それ自体をより直接的な検討の対象とした研究も産出されていく。久保田（2018）は，参与観察を基に，障害児と健常児が「共に学ぶ」小学校の実践の特徴と，その実践に対する教師たちの理解のあり方を明らかにしている。また，佐藤（2018）は，エスノメソドロジー研究における成員カテゴリーに関する知見をてがかりとしながら，公立小学校における全盲児の処遇について分析し，メンバーシップの配分という水準からインクルーシブ教育について検討する。その上で，通常学級のインクルーシブ教育実践を社会学的に研究する際の1つの方向性として，共成員性を基盤として障害児と健常児との間に生起する日常的な相互作用・コミュニケーションに照準した経験的研究の必要性を提起する。すなわち，「学校世界を舞台に，障害児を巻き込みながら展開する日々の相互行為とそれに関わる技法や手続きを丁寧に記述・分析していくことこそ，障害児をめぐる教育現象の社会学的研究が定点に据えるべき基底的なミッション」（佐藤　2018，p.199）なのである。

　佐藤の提示する「ミッション」は，障害児教育をめぐる社会学的研究の1つの方向性として重要なものであり，その後も「共に学ぶ」教育をめぐって，教師の理解に照準をあてる研究（二羽　2015a，久保田　2018，他）のみでなく，教師・障害児・健常児という三者間のやりとりに着目した研究も産出されていく。たとえば，三者（教師・障害児・健常児）間のやりとりに着目し，障害児本人の意思に依拠した合理的配慮の構成過程を明らかにした久保田（2019）である。久保田（2019）は，障害児への配慮を対話的なプロセスとして捉え，「外側を起動力とした包摂」に照準した研究プログラムの必要性を提案する。インクルーシブ教育における「配慮」や「支援」を考える際に障害種がどのような関連性をもちうるかについてはその場の文脈に埋め込まれた相互行為のあり方を検討する必要があろうが，久保田（2019）が全盲児を対象とするのに対して，松浦（2019）は発達障害児を中心とした三者の相互行為を検討する。松浦（2019）が取り上げるのは，発達障害の診断が下されていることが保護者の意向により学級内で開示されていないという特殊な状況である。この状況において，「支援者－被支援者」という非対称な関係が学級で生じることで，制度的な規範として対称的な関係が想定されている児童にどのような葛藤をもたらすのかが検討される。

　そもそも，インクルーシブ教育をめぐって学級内で展開される人びとの実践は，包摂か排除かのいずれかに明確に分類される単純な二分法から成り立っているわけではない。佐藤（2019）は，教師に対するインタビューを基に，特別支援学級の担任が，通常学級に障害児を参加させていこうとする際に日常的に実行している指導実践や支援活動をめぐる実践の論理を検討する。そうすることで，包摂を志向する実践それ自体が通常学級から障害児を切り離す排除へと反転しうる可能性について考察する。インクルーシブ教育の実践を推進する上で問われるべきは，障害児が通常学級に参加する際の「参加」の形式や内実としての「包摂の質」それ自体であって，単に制度的に参加が保障されていれば十分というわけではないのである（佐藤2019）。この関心を引き継ぎ佐藤（2023）では，道具使用に着目しながら，晴眼児童中心の生活形式への障害児の参加やアクセスと，全盲児童によって生きられる生活形式への晴眼児童の参加やアクセスとを組み込む形で，新たな学級コミュニティを相互的にデザインしていくクラス成員の日常実践が考察されるのである（佐藤2023）。

　インクルーシブ教育の実践をめぐる経験的研究は，政策を論じる上でも，また実践を検討する上でも，今後さらなる研究の蓄積が待たれる領域である。そうした中でこれまでの研究が共有していることは，「インクルーシブであること」あるいは「共に学ぶということ」は，特別支援教育制度によって定義され保障されれば実現できるようなものではなく，何よりその場を生きる「メンバーの使用する概念」（久保田　2018，p.37）であり，人びとの実践において達成されるものであるという認識である。そうであるからこそ，インクルーシブ教育実践の社会学的研究は，相互作用を詳細に検討することを通して，「インクルーシブであること」や「共に学ぶということ」を社会学的記述することが求められているといえよう。

2.2.　特別支援学校における障害児教育実践に関する研究

　インクルーシブ教育や「共に学ぶ」教育と対照的な位置にあるのが特別支援学校[3]における教育である。特別支援学校における障害児教育をめぐる社会学的研究は論文数としてはそれほど多くないが，いずれも「障害の構成」を基軸に展開されてきたといえるだろう。

　金澤（1999）は，聾教育の中で聾がどのように構成されてきたのかを論じる。聾教育においては，一貫して聾児に対して音声言語の習得が目指され，その妨げになると考えられた手話は否定的な扱いを受けてきた。これは聾を「かわいそう」なこ

とであり「障害」とみなす，聴者中心の価値観の中で構成された結果である。そして，聾児に口話を習得させるという困難な課題があるからこそ，それを担う専門家の自己アイデンティティは確立されるのである（金澤　1999）[4]。

　鶴田（2007）では，知的障害を伴う自閉症児を対象に授業場面を分析する中で，その児童が「障害児であること」がどのようにして構成されていくのかを検討する。そして，障害児教育に特有の相互行為形式の1つとして「無能力さを切り離し有能さを結びつけていく」という教師たちの実践のあり様を示す。また，佐藤（2013）は，盲学校でのフィールドワークと教師へのインタビューから，教師たちが盲学校の日常を，独得の秩序をもつ社会的リアリティとして構成していく仕方を解明する。その上で，そのような教師による現実構築のあり方が，生徒の「依存」を是認しながらも他方で「自立」を称揚するアンビバレントな進路指導を可能たらしめ，生徒たちにバルネラブルな状態を帰属することで進路形成・進路分化を規定し制約しうることを論じている。

　これらの論文では，焦点をあてる障害種や学校内での状況が異なってはいるものの，「マジョリティであり健常者であり大人である教師」と「マイノリティであり障害者であり子どもである生徒」という多層的な非対称性を内包し，むしろ各々の成員カテゴリーが相互反映的に構成されていく中で，「障害児のみが在籍する学校」の日常が産出されていくあり様への接近が試みられている。

2.3.　教師の解釈過程への着目

　これまで本節で言及してきた研究を含め障害児教育の社会学的な経験的研究では，教師に着目した研究が比較的多く蓄積されてきた。そうであるからこそ，前述したように，教師・障害児・健常児の三者の検討に積極的な意義を認める論文が登場したといえる。もちろん，研究において「誰」を検討の対象とするかは，問題関心やフィールドとの連関の中で決定されるものである。一方で，これまで教師への着目に傾倒してきたということは，「教師」という参与者の解釈過程や意味世界を丹念に分析し，多元的に把握することこそが障害児をめぐる教育現象の理解において決定的に重要な意味をもつと考えられてきたからでもある（佐藤　2009）。本節の最後に，通常学級や特別支援学校という「場」よりも，また「三者」の検討よりも，「教師」に着目したからこその研究を概観することにしたい。

　木村（2006）は，子どもの不適応的な行動が，1990年代後半から「発達障害」という医療的カテゴリーによって解釈され始めたことに注目し，その移行プロセスを

教師の意味の構築過程から捉えている。その結果，教育現場において医療化が進行するプロセスは，障害への肯定的意味づけや教育的支援に対する重要性といった「変換」を経ながら，教師によって構築されたことを明らかにした。また，佐藤（2009）は，盲学校高等部普通科での教育経験を有する教師達の語りを詳細に検討することにより，盲学校における進路形成のプロセスと進路選択を規定する条件について検討する。教師たちの語りから浮かび上がるのは，進路問題は社会的環境的障壁によってのみ規定されているのではなく，学校組織に内在する現実からも生じていたということである。さらに，吉澤（2011）は，同じく教師のライフヒストリーを基に，教師が「障害」や特別支援教育をどのように認識しているかを検討することで，学校内で自らが「調整役」であるという意識を形成していくプロセスに接近している。このようにいずれの研究も，教師の語りを丹念に検討したからこそ，障害児に日々接する教師が構成するリアティに接近可能となっている。（鶴田）

3. 学校外の支援現場における相互作用

　本節では，障害児と彼らを取り巻く学校外の支援現場における人々の相互作用に着目した研究を概観する。具体的には，学校外の障害児支援に関する研究（**3.1.**），障害児の就学をめぐる実践に関する研究（**3.2.**），障害者の就労支援に関する研究（**3.3.**）である。

3.1. 学校外の障害児支援に関する研究

　近年，学校を取り巻く障害児支援へのニーズや関心が高まっている。その主な場としては，障害児に対して個別の発達支援を行う療育機関（児童発達支援，放課後等デイサービス，発達障害者支援センターなど）や，多様な子ども集団に対して教育的支援を行う保育現場（一般的な保育所・園・幼稚園・認定子ども園，放課後児童クラブなど）を挙げることができる。

　学校外の障害児支援研究において主要なテーマの一つとされているのが，障害児への支援実践の特徴を描き出すものであり，その一つが，療育を行う場面にフォーカスを当てた研究である（鶴田　2008，水川他　2013）。

　例えば，鶴田（2008）は，療育センターで行われている療育場面の観察や録画データから，療育者と障害児の間で取り交わされる特徴的なコミュニケーションの仕方（相互行為形式）を取り上げ，会話分析の手法により障害児への療育実践の様相と療育者の実践の論理について記述・分析する。療育者は，障害児とのやりとり

の中で，障害児の理解力を適宜参照しながら，適切な言語運用能力が獲得されるように方向づけを行っていた。鶴田は，このような実践に従事する療育者に見出される一貫した態度として，障害児の「できなさ」を明確化した上で，「できる」ようになることを諦めずに追求するという志向性を析出する。そこに見出されるのは，療育者が自閉症児の言語能力の獲得に関わって，将来的な発達可能性を期待していること，そうした志向性が療育実践を成り立たせている現実である。

　このように個々の障害児の発達支援や能力の伸長に従事する療育現場の実践を捉えようとする研究がある一方で，多様な子どもが参与する場における支援実践のあり方を明らかにしようとする研究もなされてきた。

　保坂（2017）は，放課後児童クラブ（学童保育）における指導員と発達障害児の具体的な相互行為場面に焦点をあて，発達障害児への支援実践がどのように展開しているのかを明らかにした。指導員は，「衝動性が強い」と認識されている発達障害児に対して「特別な配慮」や「予防的対応」を試みることによって，問題状況の解決や問題発生の未然防止に努めていた。指導員の観点からしてみれば，これらの対応は，発達障害児に対する教育可能性を見出しているからこそ行われた対応であり，発達障害児の包摂を志向する実践に他ならなかった。しかしながら，指導員の認識や判断が優先されるあまり，発達障害児の言い分や主張はほとんど考慮されることはなかった。その結果，指導員の対応は，発達障害児の立場からは，必ずしも包摂的とはみなせないものとなっていた。こうした事態を踏まえて保坂は，発達障害児を排除しない支援実践として，その子ども本人の「言葉をしっかりと聞き取る実践」を行うことの必要性を提起する。

　これらの研究が着目してきたのは，支援者と障害児という二者間のみのやりとりである。それらに加え，その場に居合わせる周囲の子どもたちの存在をも視野に含めた分析を行う研究も現れた。

　末次（2012）は，保育現場でのフィールド調査から，健常児同士のトラブルと発達障害児と健常児のトラブルに対する保育者の対応を検討する。とりわけ発達障害児と健常児のトラブルにおいて，保育士は，トラブルを引き起こした発達障害児について，クラスの子どもたちに責任の免除を求める働きかけ（「特別な配慮」）を行う。そしてこの「特別な配慮」はクラス内において発達障害児を「特別な配慮を必要とする存在」として健常児から差異化するものであるが，それによって，健常児と障害児の関係を媒介するような働きかけとしての機能を果たしていたことを考察する。

　同様に，保坂（2022）は，学童保育の場において，発達障害児と健常児の関係を取り結ぼうとする指導員の方法を明らかにする。ここでの焦点は，健常児同士の遊びに発達障害児が加わろうとした際に拒まれてしまうという場面である。そこでは健常児から「ちゃんとしていないから」という理由で一緒に遊ぶことを拒否されたのであった。それに対して指導員は，健常児の発達障害児に対する否定的な見方（スティグマ化）を無効化するような働きかけを行うが，それでも健常児たちは発達障害児と共に遊ぶことを拒否する。このやりとりの後，指導員は発達障害児と共に「邪魔をしないから入れてください」という「お願い」実践を実行する。そうすることで発達障害児はようやく健常児たちと遊ぶ許可を得られたのであった。保坂は，当該の場面状況において「お願い」実践を行うことは有意義であったと結論づける。すなわち，先行研究において「お願い」実践は，子ども同士の非対称的な関係性の固定化をもたらすとして批判的に位置づけられてきたが，「まずは一緒に遊ぶ」というような「他者」と直接的・具体的に関わる経験が，他者に対する理解を促し，関係性の構築に繋がっていく契機となりうることを見出している。

　このように，支援者，障害児，非障害児という三者関係のダイナミズムに焦点を当て，実践者の障害児への働きかけが他の子どもたちにもたらす意味や影響について検討する研究が蓄積されつつある。

　しかし，障害児支援の方法を捉えるだけでなく，障害児や障害児支援（特別な支援）に対する実践者の認識について吟味する研究も産出されている。

　末次（2014）は，障害児への特別な支援を行う保育士の意味づけや経験についてインタビュー調査に基づき明らかにしている。そこで明らかになったことは，調査対象の保育士たちは，「特別な支援」を組織化するにあたって，「正当」な根拠を得るために医学的・心理学的解釈を参照しつつも，実際の集団保育の場面では保育の基本的理念や発達過程の概念を取り込んでいた。そしてそれらが引き金となって，保育士の「特別な支援」における「困難」状況が生起しうることが確認された。しかしながら，保育現場における「特別な支援」は，必ずしもネガティブな状況をもたらしたわけではなく，むしろ発達障害児を含めた子どもたちに対する様々なアプローチやパースペクティブをもたらした。それは同時に，保育士の自律性を促すという潜在的な順機能を果たしうる状況を生み出したと考察する。

　こうした特別な支援の導入・受容に関する保育士個人の反応を捉える研究に加えて，組織的な観点から検討を行う研究もなされている。垂見（2017）は，保育現場における特別な支援の実施をきっかけに，保育現場全体がいかに変容したか，その

プロセスを明らかにする。事例分析の結果，当該現場では，「特別な支援」の受容に積極的な推進者が同僚保育者と協働し，ボトムアップで園内組織を変革させていったことを報告している。

3.2. 障害児の就学をめぐる実践に関する研究

　上記は，学校外における障害児支援をテーマとした研究である。これに加えて，障害児の学校選択をめぐる保護者の取り組みに照準を合わせた研究もなされてきた。子どもの教育にとって，保護者の存在は最大のアクターである。保護者が子どもの教育問題をめぐって最初に直面するのが就学問題であるのは一般的なことだろう。その中でも，障害児の就学をめぐって母親たちの働きかけの全体像を捉えようとする渡辺の研究はきわめて示唆的である。

　渡邊（2016）は，自閉症児の就学をめぐって母親たちが，普通学校か特別支援学校かを決定していく過程と，その中で彼女たちが抱えざるを得ない葛藤について総合的な報告を行っている。母親たちは，学校見学や先輩保護者を通じて多くの情報を収集し，わが子の普段の様子を踏まえながら，それぞれの学校生活でのイメージやそこでの適応可能性を見立てていく。そうした中で母親たちが直面しうる葛藤は，具体的には次のようなものであった。①普通学校と特別支援学校の異なる教育的価値の狭間で揺らぐこと（特別支援学校で将来の社会生活のための能力向上に取り組むか，普通学校で健常児と共に過ごし関わり合うか），②普通学校におけるリスクマネジメントの困難さ，③母親にのみ意志決定の責任を負わせることである。いずれにせよ，普通学校におけるリスクとその対応可能性は専門家も含めて誰も確かな見通しが持てない現状がある。そうした予測困難な状況において，母親たちは，普通学校での生活に明確な見通しが持てない以外は，「安心の担保としての特別支援学校の選択」をせざるを得ないのである。渡邊は，母親たちが直面しうるこれらの困難状況を，「リスクコミュニケーション」の観点から批判している。

　このように障害児の親は，わが子のより良い就学先の決定に向けて，できる限りの情報収集や親・関係者同士の交流を行いながら，予測困難な状況を打開しようと奮闘する。興味深いのは，親たち自身がそうした試みやネットワークに参画することによって「障害児の親」としてのアイデンティティや生き方を確立し更新していくことである。あわせて，親たちによる諸々の取り組みや選択，判断が，主流社会（メインストリーム）における障害の位置や参加の仕方を決定づける分岐点になっているという点も重要であろう。すなわち，それは，石川（2000）の「社会の

マイノリティに対するスタンス」（4象限）の枠組みを手がかりにすると，「同化／統合」または「異化／統合」のどちらかを志向する実践として整理可能だということである。具体的にいえば，特別支援学校と普通学校の特別支援学級への就学は「同化＆統合」を志向する実践であり，普通学校の普通学級への就学は，「異化／統合」を志向する実践である。先行研究では，障害児の親個人の選択や意思決定に着眼した研究が蓄積されてきた一方で，普通学校の普通学級への就学を志向する親や親の会の集合的な実践に注目した研究も生み出されてきた[5]。その好例が猪瀬の研究である。

　猪瀬（2005）は，2000年代初期の「障害児の普通学級就学運動」に着目し，障害児本人とその家族の普通学級における学校経験やかれらが「障害児の普通学級就学をめざす共同体」に参画する中で取り組む実践の様相を明らかにしている。従来の日本の障害児教育政策は，分離別学体制を前提とするものであり，障害のある児童生徒は，原則として特殊教育諸学校に就学することとされていた。そのため，障害のある児童生徒が普通学校の普通学級に就学した場合，政策的な裏付けがないために，支援を受けられるかどうかは保障されていなかった。普通学級就学を選択した障害児と家族は，学校生活において様々な出来事や葛藤に遭遇し，その都度学校側との折衝を繰り返していた。その一方で，彼らは普通学級就学を志向する共同体に参加することで，自らの学校経験や知識を共有化し，普通学級就学を選択したことやその生き方にたいする意味づけを肯定的，主体的に捉え直すという試みを行っていた。このように普通学級就学を選択した障害児と親たちは，制度的な位置づけを与えられていなかったがゆえに，自ら独自のルートを切り拓くことによって主流社会への参加（「異化＆統合」）を果たしていたのである。

　同様に，末次（2020）は，自閉スペクトラム障害（ASD）と診断された子どもの親が，ある幼稚園と親の会を利用する中で，ASDのある子どもの育て方や子どもの将来展望を編み出しているありようを親へのインタビュー調査から明らかにした。その結果，調査対象の親が利用していた幼稚園と親の会は，療育に対して否定的な立場を示しており，学校選択についても普通学校の普通学級に就学するよう親に要請していた。そのことは全ての親に受け入れられているわけではなかったが，当該のコミュニティにおいては能力主義を前提とする教育や社会のドミナントなあり方を異化するような子育て実践の方略を創出する共同体的実践の諸相を呈していた。

3.3. 学校卒業後の就労支援に関する研究

　ここまでの研究は，障害児の就学をテーマとするものであった。それは，主に就学前教育から学校への移行に関する研究であった。その一方で，学校から社会への移行に注目する研究もなされてきた。その中でも伝統的に社会科学的研究を軽視してきた特殊教育学の領域にあって，古川宇一の研究（古川　1978）は例外的である。古川は，家族や職場関係者，村人へのインタビュー等に基づいて，戦後の中部太平洋岸の小漁村における成人知的障碍者の生活状況の特徴とその社会的背景を明らかにしている。そこでは，地域社会の主産業である漁業の技術的単純性，職場適応のための教育の存在，職場・地域社会における強い血縁的紐帯，漁業利益配分における古い平等原則の残存，世帯間の生活様式の類似性，家計収入面での利害の共有性，伝統的地縁関係の緊密性，家制度の残存といった要因が知的障害者の生活状況を支える社会的背景として指摘されている。こうした分析は，ヴィク・フィンケルシュタインが産業革命以前のヨーロッパにおける障害者の生活として描き出した状況に近似しており興味深い。第一次産業中心の伝統社会において，「聞こえなかったり，足が曲がっていて，家で手織り機で仕事をするのは生活を支える有効な方法だった」のであり，「身体的・精神的・知的損傷をもつ人はいつも低い社会的地位をもってきたが，同時に地域社会のなかではっきりと見える存在」，地域社会の一員であったという（Finkelstein 訳書　2000，pp.64-65）。それと同様に，上記のような様々な社会的ネットワークを具備した戦後日本の漁村コミュニティでも，「村人の態度は受容的で，知的遅滞が問題になることは比較的少い」と古川は報告するのである。

　このように学校卒業後に地域で生活する障害者に焦点をあてた社会学的研究もなされている。例えば，地域における知的障害者支援に関する三井の研究（2010，2021など）や地域で暮らす身体障害者への支援に関する前田の研究（2006）など多数取り組まれている。

　さらに近年では，若者支援に関する研究もある。その一つとして御旅屋（2017）は，若者支援機関における「障害」概念の適用過程とその意味について検討している。利用者である若者は，引きこもり・無業状態から就労をめざしていく段階で，「障害」概念を「被支援者」としてのアイデンティティを獲得するための資源として用いていた。また，支援者は，「障害」概念を一般就労から福祉的就労へと転職を果たすための選択肢として若者に対して提示していた。加えて，こうした支援者―被支援者という二者関係のみならず，若者支援機関内に用意された「居場所」で

形成される若者当事者同士の関係性や相互作用を通じて，相互の「障害」受容や福祉的就労への移行が促進されていた。他方で，「障害」を受容しない形で自らのアイデンティティを規定しながら社会参加を目指す若者の姿もあった。これらのことから，御旅屋は，「若者の困難と医療的な概念との接続は必ずしも支援者や医療従事者によって一方的に行われるものではなく，若者同士の関係性や，若者のキャリア形成の中で必要に応じて行われるという側面がある」（p.145）ことを考察した。

　このように教育社会学の分野では，学校卒業後の若者（非障害者）の就労や進路・職業選択に関する研究は数多く蓄積されているその一方で，障害のある若者の就労支援やキャリア形成に関する研究については，これからさらに着手されていくことが期待される。（末次）

4.　障害児教育の研究におけるジレンマ

　本節では，日本の障害児教育とその社会学的研究がさまざまなジレンマを抱えながら議論を深めてきたことを3つの観点から整理する。以下に，特別支援教育の構造的な問題（**4.1.**），障害児教育における歴史的な視点（**4.2.**），障害という概念の相互作用性に着目した研究の発展と今後の課題（**4.3.**）についてまとめる。

4.1.　障害児教育における構造的問題

　1970年代に『教育社会学研究』に掲載された論文の中に，障害児教育の社会学的研究の重要性を説いた清永（1973）の論文がある。清永は，障害を病理的・心理的特性とみなし，「個人還元主義的」に対処することを批判し，障害を社会的カテゴリーとして扱うべきだと主張した。さらに，特殊教育の対象となる障害種別や程度が多様化した理由について，高度成長下のマンパワー・ポリシー補完政策の伸展，地域社会，特殊教育への依存力の増大，普通教育効率化のための学校・学級組織再編成などの構造的な変化があったことを指摘している。このように，清永自身が，具体的に経験的な研究プログラムをデザインしたわけではなかったが，1970年代前半という，おそらく教育社会学が障害者に見向きもしていなかったであろう時代状況にあって，「社会学的パースペクティブ」の優位を強調し，障害児教育に関する社会学的研究の必要性を提起したという点で評価できる。

　2000年以降の教育社会学的研究においては，障害を社会的カテゴリーとして捉えてはいるものの，ミクロな場面に着目する研究が蓄積されてきた。最近になって，ようやく特別支援教育の構造的な問題を指摘するマクロ的研究が増えつつある。た

とえば，柴垣（2020）は，特別支援学校，特別支援学級，通級に通う児童数が増加傾向にあることを指摘し，その要因を①構造的要因，②社会経済的要因，③財政的要因に分類し，特別支援教育がインクルーシブ教育の理念に逆行する分離教育を推し進めていると批判している。現に，障害児だけでなく，貧困世帯や外国籍など社会的に不利な状況にあるマイノリティの子どもは複合的な問題を抱えているため，通常学級から排除されやすく，特別支援学級や特別支援学校に振り分けられやすいことが報告されている（堤　2018，金　2020，原　2023）。このように，特別支援教育の問題は，通常学級が抱える教育問題との関係性をとおして理解される必要がある。通常学級の現場では，新自由主義的な教育改革の影響により，自立と社会参加を目指す「個別性」「専門性」を強調する教育が奨励され，自助努力が求められる能力主義的な管理・統制が進んでいる。さらに，緊縮財政により学校の統廃合，教員配置の削減が進み，その影響は特別支援教育の問題を深刻化させている（堀家2012，二羽　2022，他）。

　二羽（2022）や星加（2022）もまた，障害児枠で支援される子どもを増産し，一人ひとりのニーズにあった支援を提供することでマイノリティの問題を解決しようとする社会のあり方に警鐘を鳴らしている。なぜなら，支援プログラムが拡大し続けることは，支援があることを前提とした生活から抜け出せなくなる人々を増やすことを意味するからである。二羽（2022）によれば，障害児に限らず，マイノリティの支援においては，支援を提供してもしなくても「差異のジレンマ」は存在する。マジョリティとの差異が大きいマイノリティの不平等を解消するために特別な支援をすると，スティグマが付与されることによって，かえってマイノリティの不平等は強化されてしまう。一方で，同じ人間なのだからと同等に扱うと，既存の不平等が温存され固定化されることで不平等が継続されてしまうのである（二羽2022）。また，星加（2022）によれば，社会モデルの視点を反映させた合理的配慮の制度化は，意図せざる結果として，個人モデル的に解釈し，対処する枠組みを強化させる。合理的配慮を提供するためには，障害児を同定しなければならず，必然的に障害児の身体（インペアメント）に関心が集まり，診断・治療（療育）ができる医学・心理学の専門家が支援現場に大量に投入される。このようにして，社会モデルに基づいて，障害児に幅広い支援を保障しようとした結果，個人モデルに回帰していく様相が顕著になっている。そこで，二羽（2022）は，今の特別支援教育に足りないのは個人を不平等から解放する視点だと強調する。差別や不平等の問題を個人化し，個人に支援を提供することによって問題を解決するのではなく，不平等

な状況に置かれた個人とそうでない人々の関係性の中で生起する様々な問題に，集団・組織の問題として向き合っていくアプローチに変えていくことが重視される。その一例として，二羽（2015b）は，障害児が排除されない空間を組織として形成・維持するためには，学校内外を統制する規格の緩やかさ（トップダウンではなく子どもを中心にすえた緩やかな規格）や教員主体の集いの場の充実が重要であることを明らかにしている。

4.2. 障害児教育の歴史的視点

　戦前からの障害児教育運動は，障害児教育のあり方についての論争を巻き起こしながら，障害児教育の拡充に大きな影響を与えてきた。特に，障害児の能力観とそれに基づいた教育の目的や場（分離教育／共生共学）についての論争は，いまだに決着がついていないが，障害児教育のあり方を根本的に問い直す論点になっている。そこで，以下に，障害児教育を歴史的に分析している論文を紹介する。

　澤田（2007）によれば，戦後日本の通常学校では，子どもの能力に応じて序列化し，差異的に扱う選別教育を差別であるとみなし，どの子どもにも同一の教育を与えるべきだとする見方を貫いてきたが，障害児に対しては，発達可能性の観点から特殊学級や養護学校のように別学体制を当たり前のように認めてきた。戦後日本の教育には，能力観や平等観においてダブルスタンダードが存在していたのである。この矛盾は，障害を能力差としてではなく，社会的カテゴリーとしてとらえ不当な扱いや差別を社会から受けているとみなすことで，別学体制を否定する根拠にならなかったのである。

　また，堀（2011）によれば，精神薄弱児（知的障害）への教育は，戦後に成立した特殊教育によって義務づけられたというよりは，戦前からの教育改革運動の構想が継承されたことによって可能になった。戦前の精神薄弱児は就学猶予・免除の対象になるか通常学級で放置されていたが，戦前から教育，心理学，社会事業，医学の諸領域で精神薄弱者の保護，国民化社会的地位の向上を求める教育改革運動が行われていたのである（堀　2011）。こうして教育の対象となった精神薄弱児であるが，堀（2016）は，1966年に開校した八王子養護学校での教育実践を歴史的に振り返り，教育そのものの目的やあり方が変容していることを明らかにしている。教師は「できるようになるための教育」実践から「どの子も一緒に取り組める教育」へと「共に学ぶ」ことに力点をおく教育実践を模索するようになっている。これらは，能力による差異的処遇の限界を乗り越えるための教育実践であり，さらには教

育そのものの目的やあり方を再考するものであった（堀　2016）。視覚障害者もまた社会的参加と地位向上のための運動によって，高等教育への進学や職域を拡大させてきたが，それらは晴眼者中心の社会において，障害児者に訓練させることで適用させようとするものであり，安定した就労は依然として厳しい状況にある。特殊（障害児）と普通（非障害児）の二分法を超えるためにも，これまでのように「視覚障害者でもできること」を探すのではなく「視覚障害者だからこそできること」を具体的に文化として明示する活動が期待されている（広瀬　2005）。

　障害児に向けられる能力観の問い直しは，近年みられる「新しい優生学」の出現からもみてとれる。新しい優生学は，遺伝学や医療技術の進展にともない，出生前診断や着床前診断によってある属性の胎児や胚を選択的に排除することを意味するが，それらはしばしば個人の自由な選択を保障する観点から正当化されがちである。桑原（2005）によれば，障害児の存在を否定するような優生思想は，本来，障害児の環境を重視し，弱者救済をしようとする教育とは相容れない関係性であるはずだが，環境重視の視点や当事者や家族の幸福／不幸という視点から優生学と親和的になりやすい。教育と優生学が再び結び付くことがないよう「『教育』の論理に潜む『その人の存在を脅かす能力主義』を捨て去る議論を組みたてていく必要があるだろう」（桑原　2005，p.282）。

　以上のように，障害児教育運動は，障害児教育の場を広げるだけでなく，障害児の能力の捉え方やそれに基づいた教育目的や方法を変容させてきた。これらの歴史的研究は，「できるようになること」を目指す教育の限界を示しており，「共に学ぶ」教育実践への移行過程を明らかにしている。障害児本人が変わることを求める教育実践ではなく，障害児以外の人々や集団の変容をうながす実践こそが求められているのである。しかしながら，日本の特別支援教育の制度において依然として強調されているのは，障害児の早期発見・支援，教育的ニーズの把握，個別の教育支援計画・指導計画の作成，専門的な支援の充実など，個の成長をうながすための対応である。そこには，「共に学ぶ」ことにつながる具体的な取り組みが十分には示されてはいない。こうして，障害児教育を歴史的な視点から分析することをとおして，特別支援教育で見過ごされている障害児教育の目的や方法，場をめぐる諸問題が捉えなおされている。

4.3.　概念の相互作用性への着目と今後の課題

　狂気，同性愛，注意欠陥多動性障害（ADHD），解離性同一性障害，遁走といっ

たカテゴリーが医学，社会，文化の中で作りだされてきたように，分類は歴史的，社会的な構築物である。カテゴリーがひとたび制度化されると社会の構成員はそれを内在化することで，日々の実践を作り出す（Burger & Luckmann 訳書　2003）。そして，人々は制度化されたカテゴリーに規定されるだけでなく，それを拒否・拒絶するなど，相互行為をとおしてカテゴリーそのものを変容させる（Hacking 訳書1998）。ハッキングは，これをループ効果と呼んでいるが，概念の用法を社会学的に分析する際の枠組みとして援用されている。篠宮（2019，2020）は，この枠組みをふまえながら，学習障害（LD）や自閉症スペクトラムの原因論や対処法が制度的に選択・採用される際に，医学モデル（生物医学的原因）とその他のモデルとの間で生じるせめぎあいについて分析している。障害の原因論や対処法は，必ずしも一貫したモデルに基づいて行われるのではなく，それらを活用する場や障害の特性に応じてどのモデルが採択されるかが決まる（篠宮　2019，2020）。また，鶴田（2018）は「子どもらしさ」という規範が「発達障害」として差異化させるための概念装置になっていることを明らかにしている。

　障害という概念の相互作用性に着目する研究では，障害児教育に直接関わる人々だけでなく，支援の段階ごとに，より幅広いアクター（自治体，製薬会社，医師，言語聴覚士，臨床心理士，特別支援コーディネーター，スクールカウンセラーなど）との関係性，さらに，人々の規範，価値観，志向性といったマクロな視点をふまえた分析が求められる。

　最後に，本論で扱ってきた障害児教育の社会学的研究は人々の語りや相互行為に着目しており，研究手法のほとんどが質的調査である。障害児教育についての量的調査が進まないのは，その実態を明らかにしようとした途端，「社会的に構築されるカテゴリーである」という前提を否定してしまうからであろう（木村　2019）。しかしながら，本論でみてきたように，障害児支援において不平等や不均衡な実態があるならば，それらを量的調査に基づいて明らかにし，特別支援教育の構造的な問題についても取り扱う必要があるだろう。（木村）

5.　イギリス教育社会学におけるディスアビリティ研究の展開—BJSE における内部批判と経験的調査研究—

5.1.　BJSE の発刊とディスアビリティの教育社会学

　近年，日本でも障害に関わる教育社会学的な論考が存在感を増しつつある。国内の研究動向を見る限り，障害児をめぐる教育現象に関する社会学的研究は順調な発

展をとげつつあるようである。しかしながら，社会学，とりわけ教育社会学の領域
における，ニューカマーや被差別部落，在日コリアンや貧困層といった他のマイノ
リティ・グループに関わる調査研究の隆盛，あるいはジェンダー研究等の貯えと比
較してみるなら，その後発性は明らかだろう。社会学的な理論や方法論に準拠して
障害児をめぐる教育現象にアプローチするような研究の蓄積はいまだ手薄であると
いわざるを得ない。

　他方，英米の人類学や社会学の領域では，1970年代頃から障害児に関わる教育現
場の内実を捉えようとする研究が散見されるようになる。とりわけイギリスの障害
学や教育社会学の領域では，障害児に関わる教育現象をトピックとする理論的で経
験的な研究業績がコンスタントに蓄積されてきており，充実している。その上，日
本の障害学や教育社会学はイギリスからの影響を色濃く反映してもいる（杉野
2007，志水　2002）。こうした状況を念頭においたうえで，本論ではイギリス教育
社会学を代表する学術誌，『British Journal of Sociology of Education』（以下，
BJSE と略記）に注目してみようと思う。

　BJSE の創刊号に掲げられた巻頭言[6]は，既存の米国教育社会学ジャーナルに関
して，「アメリカ社会学を特徴づけるエスノセントリズムを共有しており，非常に
厳密かつ選択的にアメリカ的なシーンに焦点を当ててきた」と批判しながら，広範
な学術誌に散在し，近年益々増加しつつある教育社会学の研究業績を一か所にまと
めなくてはならないと説く。そのうえで，「この新しいジャーナルは，英国をベー
スとしながらも，議論を統合し発展させるための国際的なフォーラムを提供するの
みならず，テーマを立ち上げ，議論を開始し，論争の風通しを良くすることで，こ
の学問分野に利益をもたらすことを目指している」，と本ジャーナルの発刊理由を
述べている（Banks et al. 1980）。また，同誌の初代編集委員会は，どのような理
論的方向性を持つものであれ，社会学の多様な方法論を反映させるべきであるとし，
「すべての教育社会学者からの投稿を奨励したい」と呼びかける（Banks et al.
1980）。このように，教育社会学領域における総合的なアカデミックジャーナルを
標榜して，BJSE は発刊されたのであり，本論が BJSE に着目する理由は，1980年
創刊の同誌こそ，イギリスのアカデミックシーンにおいて教育社会学的なディスア
ビリティ研究を振興し，推進するに当たって重要な役割を果たしてきたものと考え
られるからである[7]。

　とはいえ，BJSE における障害研究の全容を網羅することなど到底かなわない。
したがって，全体を総覧するのは初めから断念し，ここでは次の作業のみを行う。

最初に，イギリス教育社会学が，1980年代から1990年代にかけて，障害児をめぐる教育現象を研究対象として内部化してきた事実を，従来の教育社会学に対する批判的言説を参照しながら確認する。次に，イギリス障害学と教育社会学との関連をマイケル・オリバーの所論を通じて検討する。そのうえで，2000年代以降のBJSEに発表されてきた，障害児のいる学校についての質的研究のいくつかをレビューすることで，イギリス教育社会学における障害研究の現況把握を目指すことにする。

5.2. ディスアビリティ研究の不在とコンフリクトアプローチ

イギリスにおいて，教育社会学的障害研究の出発点となるのは，障害にまつわる教育研究の不在を批判する一連のコメンタリーであるだろう。たとえば，社会学者たちは，教育の「公明さ（brightness）」を建前とする選抜の本質的な不平等性とその程度を証明することに熱中し，「欠陥，鈍さ，ハンディキャップ，あるいは特別なニード」を理由として，通常学校から排除される生徒が増加しているという事態について吟味してはこなかったとトムリンソンは主張する（Tomlinson 1982）。また，クイックは，社会学者の関心はたいてい，「破壊的」で「厄介」で「難しい」子どもとして記述される生徒に向けられ，彼らの関心が学習空間の外側に位置する補習教育部門（remedial department）に在籍する生徒や，学校秩序を攪乱する恐れの少ない「学習遅進児」に払われることはなかったと述べ，社会学者たちが用いる逸脱の概念に，「学習困難（learning difficulty）」として，特別ニーズのカテゴリーに組み込まれうるであろう大部分の者は含まれないと指摘している（Quicke 1986, p.83）。

だが従来の教育社会学について，障害に関わる事象を考慮する視点に欠けていたと批判するにとどまらず，ディスアビリティの教育社会学が向かうべき進路を理論的に指し示そうとしたのはレン・バートンであるように思われる。バートンは，BJSEの立ち上げに尽力しただけでなく[8]，1986年にビフ・フィンケルシュタインやマイケル・オリバーらとともに，イギリス障害学のジャーナルである『Disability, Handicap & Society』（1994年に現在の『Disability & Society』に名称変更）を創刊し，その後も，ディスアビリティとインクルーシブ教育をめぐる社会学的研究の第一人者として，いずれのジャーナルにおいても中心的な役割を果たしてきている。

バートンは，『Disability, Handicap & Society』の創刊号に寄稿した，「特別な教育的ニーズの政治」と題する論文で，社会学者たちは，諸カテゴリーの社会的構築，

すなわちそれぞれのカテゴリーはいかに創造され，帰属され，受け入れられ，変更されていくのかという点に関心を寄せる一方で，障害児に関わる教育分野での思考や実践の多くが過度な個別主義によって形作られてきたがゆえに，近年になるまで，イギリス国内で障害児教育の領域に社会学的な関心が払われるということはほとんどなかったと指摘する（Barton 訳書 2014, pp.13-15）。バートンによるならば，特殊教育セクターの発展は分断された社会状態における不平等やステレオタイプ的認識，差別的なイデオロギーに基づく社会的実践の原因であり帰結である。そうした認識に基づいて，バートンは特殊教育セクターの発展について理解するためには，メインストリームの教育との関係のみならず，社会的・経済的・政治的文脈をも考慮した，より広範で複雑な分析が要請されてくると結論するのである（Barton 訳書, p.30）。

　ところで，イギリス教育社会学の領域にあって，障害研究の方向性をより明確に設定し，想定しうる経験的研究プログラムのいくつかをより特定的に提案しようとしたのは上述のサリー・トムリンソンであった。トムリンソンは，葛藤理論の立場から，障害児やそれに関わるアクターの間に孕まれているはずの対立やコンフリクトを読み解くべきだと主張し，教師を含め専門家内部，専門家間，親と専門家，主流学校と特殊学校の間に見られるコンフリクトの分析を提案したのである（Tomlinson 1982）。

　たしかに，BJSE 掲載の論文においては，セクター間，アクター間の相互作用に注目するという研究スタンスや，教育政策が教育現場にもたらすインパクトという政策社会学的なテーマ設定など，コンフリクトアプローチの枠組を間接的に引き継ぐかたちでの研究デザインは少なくない。サッチャーからメージャーへと続く保守政権のもとで矢継ぎ早に打ち出された新自由主義的な教育政策を見据えつつ，これ以降もフェミニズムの思想に加えて，葛藤理論やネオ・マルクス主義的なアプローチが有力な研究潮流を形作っていく（天童 2013, p.50）。実際のところ，1980年代のイギリス教育社会学においては，政策社会学の流れが支配的となり，1990年代以降は，政策社会学的要素をもたない研究は，イギリス教育社会学にはほとんど存在しないと言っていいような状況になる（志水 2002, p.15）。その目指すところは，一方で，教育における政策形成過程を記述・分析することであり，もう一方で，マクロな教育政策が学校現場で，具体的にどのようなミクロなポリティクスを産み出しているかを吟味することなのであった（Ball 1990, p.1）。

5.3. オリバーの障害理論と教育社会学の近接性

イギリス社会モデルの旗手であったマイケル・オリバーもまた，障害児教育研究におけるこのような葛藤理論的，政策社会学的傾向を支持していた。オリバーは，トムリンソンの業績などを念頭に，社会学者が特別なニーズを持つ子どもたちの隔離を支える人道的イデオロギーを明らかにし，関係するさまざまな既得権益を暴露する上で重要な役割を果たしたことは確かであったと述べる（Oliver 1985）。だが，それと同時に彼は，通常教育への障害児の統合の問題を単なる政策的イシューへと回収してはならないと強調した[9]。

オリバーは，「障害児の教育を支配し続けている現在の分離された慣習や分離された教育のあり方は，世界の他の地域で他の人々が権利を否定されているのと同じように，障害者の権利を否定するものであると考えなければならない」と述べ，教育研究における人権論的視点の不在を指摘したのだった（Oliver 1996, p.82）。そのうえで，「統合についての新しい考え方によれば，必要なのは，すべての子どもたちを単一の教育システムに統合するという道徳的なコミットメントであり，すべての障害者を社会に統合するという幅広いコミットメントである」と述べ，教育システムと他の諸システムとの機能連関を視野に収めた分析を要請するのである（Oliver 1996, p.89）。

要するに，ここでオリバーが強調しているのは，障害を持つ者の教育システムへの統合は，社会的統合へと至るものとして構想されねばならないということであり，ここにはバートンの主張との相同性を見て取ることができる。イギリス障害学においては，近年までほぼ社会学，それもスタティックな社会構造論的なマクロ社会学の影響が大きかった。とりわけ，社会的障壁や障害者の抑圧，構造的排除といった概念を資本主義の下部構造によって説明しようとするオリバーの障害理論はおのずと資本主義批判や近代化批判を基調とする類の社会学理論とシンクロする（Oliver 訳書2006）。その点を踏まえるなら，イギリス教育社会学とオリバーの障害理論との間に一定の同形性が認められるというのもまた必然であるに違いない。

だがオリバーが論じようとしたのはそれだけではなかった。オリバーは，「統合に関する新しい考え方は，個人のアイデンティティの政治とでもいうべき，まったく異なる哲学に支えられており，この哲学は，単に違いを容認して受け入れるだけでなく，それを積極的に評価し，称賛すべきことを，集合的アイデンティティの発展を通じて確信をもって要求する」（Oliver 1996, p.89）ともいう。つまり，ここでのオリバーの見解によるならば，障害を持つ者の社会的統合は個人的・集合的なア

イデンティティの政治によって実現されなければならないということである。

　こうしたオリバーの見解を率直に受け止めるとするなら，教育社会学的な障害研究は，単に政策社会学的な研究として成立するのみならず，多少なりとも何らかの政治的アジェンダによって明示的，非明示的に裏打ちされているのであり，そうした研究として定立することを規範的に期待されてもいたと言えそうである。だが，こういった特徴付けは必ずしもひとりディスアビリティの教育社会学にのみ打倒するものではない。アイデンティティの政治や社会的な排除／包摂，障害の社会・政治的構築といった，オリバーの上記主張のモチーフは，モダニズムからポストモダニズムへという大きな時代的趨勢のもと，21世紀の教育社会学が共有する基本テーゼとなっていく。つまり，1990年代末から21世紀にかけての学校や教育は，「階級」や「障害」が構築される「場」として，あるいは様々な文化のせめぎ合いのなかで共通文化が形成される「場」として，そしてまた，支配と抵抗，抑圧と解放のせめぎ合う「場」として捉えられるようになっていくのである（苅谷・志水・小玉2012，pp.330-332）。

5.4.　BJSE におけるエスノグラフィ的障害研究

　それでは，BJSE においては，具体的にどのようなスタンスや主題設定，方法や視点のもとで，どのような知見が提出されてきただろうか[10]。障害に関わってBJSE に掲載されてきた研究群には，たとえば，幼児教育・就学前教育に関する研究（Nind et al. 2010, Heiskanen et al. 2018）や，特殊教育のカリキュラム内容の変化をカリキュラムの社会学に関する知見を用いて考察するタイプの研究（Bines 1993, Koustourakis 2018）などが含まれる。また，日常の教育活動を組織する教師たちの実践に関わる研究としては，体育教師の障害児に対する評価的視点をエリアスによるフィギュレーションの社会学の視角から分析した研究（Smith and Green 2004）のように，教師たちの障害児に対する眼差しや認識枠組みを検討しようとする研究のほか，情緒的・行動上の困難を有するとされる子どもの特別な教育的ニーズのアセスメントをめぐって競合する教師たちと教育心理学者たちとのネゴシエーションについて考究するアームストロングらの研究（Armstrong et al. 1993）のように，外部の専門家と葛藤，連携する教師たちのワークにアプローチする研究もなされてきた。さらに近年では，障害児への教育やケアの縮小といった主題を，アーレントとバウマンに依拠して，グローバルな緊縮財政政策との関連から読み解こうとする理論的な研究（Veck 2014）に加え，重度重複障害をもつ子ども

を取り巻く社会的相互作用を空間論的な観点をベースに，年齢段階（保育所，初等教育，中等教育）と地理的条件（主流校と特別支援学校）といった分類を用いて比較対照する興味深い質的研究も提出されている（Simmons 2021）。

　これらのうち，本項においてはイングランドの初等・中等教育，ならびに特殊学校の現場を主たるフィールドとする３つのエスノグラフィックな調査研究を大まかにレビューする。以下に見るのは，まさに抑圧と抵抗を折り込みながら様々な文化のせめぎ合いのなかで「障害」を構築していく「場」として学校世界を叙述する研究の一例である。

　まず，特別な教育的ニーズをもつ子どもの親たちの経験にフォーカスした研究を見てみよう。学校や教師とのインタラクションへと参加することを強いられる親たちの経験をすくい上げようとする研究のうちで特に興味深いのは，ロジャース（Rogers 2007）の研究である。

　ロジャースは，自閉スペクトラム症，ダウン症，脳性麻痺，注意欠陥・多動性障害，学習障害，言語障害，情緒・行動障害などをもつ４歳から19歳までの子ども・若者を抱える21人の母親と３人の父親（参加者はすべて白人）への綿密なインタビューに基づいて，障害児の親たちの通常教育への希望や期待，排除の経験について分析し，概念やプロセス，経験された現実としてのイギリスの「インクルーシブ」な教育政策は，その困難を否定していると主張する。

　親たちは当初，障害をもつにせよ自分の子どもも通常学校で教育を受けることができるだろうと期待していたのだが，子どもが大きくなればなるほど，通常教育の実践がうまくいく可能性は低くなった。とりわけ，学校生活が細分化され，教師と生徒の関係が希薄になる中等教育のもとでは，SEN（Special Educational Needs）と認定されたすべての子どもとその家族たちは厳しい状況に直面していたのだという。ロジャースが言うには，障害児たちは，①個人教育のユニットにおけるマンツーマンの教育によって実際的にクラスから除外されうるし，②他の子どもと同じやり方でカリキュラムにアクセスすることが難しいことにより，知的学習の点でクラスから阻害されうるし，③友人関係を維持し，社交的に他者と交際することが困難であるがゆえに，心理的に友人ネットワークから阻害されうる。そして，「反社会的」行動をとるような子どもは通常学校から排除されやすいのだが，その一方で，教師の統治を妨害せず，静かに座っていることのできるダウン症のような知的障害児は，クラスの中で笑いものにされて自尊心を低下させることはあるにせよ，通常の教育環境から排除されるということはあまりないとロジャースは考察する（Rogers 2007, pp.59-61)。

　実際, ロジャースの研究対象者の中で, 11歳から16歳までのすべての学年を通常学校で過ごした子どもはほとんどおらず, MLD児（中等度の学習困難児）のための特別学校への転入を余儀なくされていた。これらの排除は, まずもって際や障害についての文化的な無関心や誤解の産物であるとロジャースはいう。そのうえで, 「インクルーシブな」教育を推進するうえで明らかなことは, それが困難な状況を引き起こすすべての差異を組み合わせようとする企て, すなわち学習上あるいは公道上の困難を否定しようとする試みであるとロジャースは考える（Rogers 2007, pp.61-65)。こうした考察から, インクルージョンを求める政策とアカデミックな卓越性を重視する政策との矛盾, つまり, インクルーシブ教育と, 学校を序列化することや, 試験や受験の構造との間にある矛盾を解消しなくてはならないとロジャースは主張するのである（Rogers 2007, pp.65-67)。ここでロジャースが析出したのは, 中等教育をめぐって障害児の親たちが経験してきた排除の現実ということになる。

　次に, BJSEの障害関連研究の中で出現頻度が比較的高いのは, 学校生活や教師との関係を障害児たちの経験に即して描き出すようなケース・スタディである。その中でも, ここでは交差性（intersectionality）を主題とする代表的な論考を検討しよう。ディスアビリティと社会的不利を作り出す他の諸属性との交差性について論じる研究で特に重要なのはベンジャミンたちの研究である。

　ベンジャミンら（Benjamin et al. 2003)は, イングランドのインナーシティに立地し, 多民族的な文化背景をもつ労働者階級の子弟が多く通う, 二つの小学校の身体障害児のいる6年生のクラスでフィールドワークを実施した。それにより, 「インクルージョン」や「エクスクルージョン」は社会階級, 民族性, ジェンダー／セクシュアリティ, 認識された学力, 身体的外見の違いなど, 交差する「差異」の指標の網によって規定されていることを見出した。

　この研究の重要な点は, 排除や包摂のプロセスが, 生徒と教師, 生徒同士のネゴシエーションを通じて時々刻々と上演される複雑なプロセスであると論じたところにある。つまりベンジャミンらによれば, 排除や包摂とは, 一度実行されればそれ以降安定するような固定的な出来事なのではなく, ローカルな文脈のなかで交差する差異の指標を通じて, その都度ごとに幾度となく達成されていく, ダイナミックな秩序現象なのである。

　とりわけベンジャミンらは, 子ども同士の相互作用における排除と包摂のダイナ

ミズムに着眼する。学校の教室のコンテクストは，多くのより広い社会的コンテクストを通して生み出される。つまり，教育システム，家族，コミュニティ，大衆文化，宗教など，私的なものから公的なものまで，ローカルなものからグローバルなものまで，さまざまな文化や知識が互いに重なり合い，影響し合いながら，利用可能な言説的リソースとアイデンティティを形作っている。子どもたちはそれらを用いて包摂と排除の日常を生み出しており，教室内部での子ども同士のミクロな文化的世界における権力や名声をめぐる争いが，特定の子どもたちの包摂と排除を生み出す鍵となっていたのである（Benjamin et al. 2003, p.553）。

　さらに，ディスアビリティと他の社会的属性との交差性を踏まえて教育について考えようとする場合，普通学校だけでなく，特殊学校が現に担っている機能に目を向けることもまた必要となる。その際，特別な教育的ニーズや障害をもつ移民の子どもたち，もしくはその家族と特殊学校との関係もまた，検討を要する主たるテーマとなる。

　オリバーとシンガル（Oliver and Singal 2017）は，イングランド東部の特殊学校の事例研究に基づいて，移民家族と学校との関わりについて探求する。当の学校では，移民の親をボランティアやティーチングアシスタント，ランチタイムサポートアシスタントとして雇用していた。そうした取り組みについて，オリバーらは，中流家庭の文化資本を持たず，学校から「手が届きにくい」とみなされるエスニックマイノリティや移民の家族にとっては，家庭と学校とのつながりを保つことが肝心なのだから，明らかにサポーティブなものであると述べている（Oliver and Singal 2017, p.1219）。

　加えて，保護者と学校のパートナーシップの成功の大部分は，言語的・民族的に多様な移民サポートスタッフの雇用によるところが大きいと指摘される。多様な文化背景をもつサポートスタッフの存在は，円滑な家庭－学校関係を促進するだけでなく，コミュニケーションに困難を抱えていたり，障害に伴う身体的苦痛がある子どもたちにとって特に重要であったという（Oliver and Singal 2017, p.1224）。そして，「特殊学校の教師たちは，家族の移住歴，文化的視点，不安定な雇用や劣悪な労働条件といった現実について熱心に学び，移住家族の状況を，子どもをよりよく教育するうえで理解すべき変数の一つと解釈していた」（Oliver and Singal 2017, p.1227）。こうした記録は，新しい移民の受け入れと統合の過程において，特殊学校を含む学校教育が重要な役割を担っていることを確認するものだとオリバーたちは強調するのである。

5.5. 組織単位のディスアビリティ研究へ

　以上，BJSE の中から，障害児の親たちの学校経験，ディスアビリティと交差性，特殊学校と移民家族といったテーマに関わる研究論文を検討してきた。そこには，通常教育内部で障害児をめぐって作動する周縁化のプロセス，子どもたちが教室内部に作り出す包摂と排除のダイナミズム，学校と移民家族との協同やコンフリクトなど，多様なトピックの展開を見ることができた。しかも，各々の業績が，アクター間の複合的な関連性に目を向け，利害の対立や葛藤に加え，相互の連携や共同のモメントを描き出してもいた。その意味で，これらの業績は障害児をめぐる教育現象・教育現実を社会学的に分析する際に可能となる方法的手続きのいくつかを提示してきたといえるだろう。

　そしてまた，これらの研究はオーソドックスなエスノグラフィ的研究であり，学校組織研究の一ジャンルに分類可能な研究となっている。その一方で，学校の現場調査をベースとする日本での教育社会学的障害研究は，もっぱら教室内部の相互作用研究に限局されがちであった。すなわち，学校組織内部の力学や学校組織・制度と外部の諸組織・諸制度との連携や接続，接触のあり方を主題化するような組織単位の分析はほとんど見られない。だが，ここまで行ってきた BJSE のレビューから示唆されるのは，学校内部の現象の理解にとっても，また障害児を取り巻く社会関係を多次元的に把握するためにも，学校と外部環境との関連の仕方を解明することが決定的に重要になるということである。特に，障害児と健常児との同一学級処遇という，インクルーシブ教育のビジョンを日本的教育の文脈で実現するにあたってそうした主題設定に基づく研究こそ今切実に求められているのではないだろうか。

（佐藤）

〈注〉

(1) 『教育社会学研究』で障害児教育をテーマにレビューするのは初めての試みではあるが，第95集の「マイノリティと教育」（清水・高田・堀家・山本　2014）の 3 節「障害者と教育」で，障害児教育の研究が個人モデルから社会モデルへと移行してきたことが詳しくレビューされているため，参照していただきたい.

(2) 当事者研究は，2001年に北海道の「浦河べてるの家」の活動から始まり，精神障害をもつ当事者が仲間と語り合うことで，専門家と患者という固定化された関係性から乗り越え，当事者自身の生きづらさや困難さを個人的要因と社会的要因の双方から解決しようとするものである. 当事者研究は誕生から20年が経過し，

独自の進展をとげており，その対象は障害や病気の有無を超えて拡大している．社会モデルは，インペアメントの状態が変動しやすい障害者や自分の障害の特徴やニーズを表現できない当事者を置き去りにしてしまうため，当事者研究では，社会を変える前の当事者自身を「知る」ことに焦点をあてている（熊谷　2020，西倉　2022）．

(3)　特別支援学校という名称は，特殊教育から特別支援教育へと転換がなされた2007年以降のものであるため，本節で言及する論文はそれ以前の「特殊教育諸学校」と総称されていた時代のものも含むが，ここでは特別支援学校に統一する．

(4)　だからといって，単に手話を導入すれば，聴者中心の価値観に基づく聾の構成が否定されるというわけではない．金澤（2003）では，ろう学校において「聴覚手話法」というそれまでの手話・口話論争においては一見矛盾した指導法をとり，幼児期早期から手話を導入し「急進的な試み」と理解できる実践を，その指導法が導入された経緯を，資料を基に検討する中で聴者中心の価値観が維持されていることを示している．聾教育における「手話・口話論争」といわれる言語指導法をめぐる議論の展開やその後の複雑化の様相については金澤（2003）を，さらにその論争に大きな影響を与えた「ろう文化宣言」については木村・市田（1995）を参照してほしい．

(5)　鶴田（2021）の研究は，療育を通じて「自閉症児の親」が「療育を行う主体」として社会化されていく過程を明らかにするものであるが，それは，石川（2000）の枠組みでは「同化&統合」に位置付けることができると考える．

(6)　BJSE 発刊当初の編集委員会の構成メンバーは，Olive Banks; Len Barton; Roger Dale; David Hargreaves; Roland Meighan; Ivan Reid; Graham Vulliamy の7名である．

(7)　イギリスには "British Journal of Educational Studies" や "British Journal of sociology" のような，教育社会学に関連の深い歴史あるジャーナルも存在し，それらは今も教育社会学の研究成果を発信するためのプラットフォームとして重要な役割を果たしている．よって，BJSE をイギリス教育社会学におけるトップジャーナルと考えるのは早計だろう．なお，現在もイギリス教育社会学内部にはパラダイム間の緊張関係に加え，政治運動や社会運動との距離や関わり方をめぐる立場や路線の違いが伏在しており，そういった条件もまた BJSE が当該領域のアカデミックジャーナルとして相対的な位置づけに留まる背景となっているように思われる．

⑻　バートンは後の講演で以下のように述べている．ここからは，バートンが BJSE の発刊に大きな期待をもって当たろうとしていたことが推測できる．「オリーブ・バンクス，ジェフ・ウィッティ，アンディ・ハーグリーブスを同じ部屋に集めて，同じようなテーマに取り組ませたかったし，真剣かつ批判的な関わりを持たせたかった（略）私が望んだのは，異なる立場に立つ人々の間でのよりオープンな対話関係であり，それは本当に重要なことで，そこから雑誌『British Journal of Sociology of Education』も誕生した」（Barton 2003, p.2）．

⑼　ただし，現実的には教育政策に対する障害学のインパクトはそれほど大きくなかったようである．BJSE の編集委員会が「障害と教育の社会学」（Sociology of Disability and Education）と題して企画した特集号に寄稿した論文で，オリバーとコリン・バーンズは，「障害の社会モデルは，社会政策全般，特に障害者政策に重要な影響を及ぼしてきたのではあるが，こと教育政策に関して言えば，その影響はかなり限定的なものであった」（Oliver and Barnes 2010, p.548）と回顧している．

⑽　本論では，創刊号から2023年44巻6号までの BJSE に掲載された論文（Article）の中から障害をトピックとする論文を特定する作業を行った．まず，同誌を出版するテイラー・アンド・フランシス社のオンラインページの検索機能を用いて Special education, Special educational needs, Special school, Inclusive education, Educational inclusion, Mainstreaming, Disability, Impairment といった用語を含む論文を OR 検索した．その結果，294本の「Article」がヒットした．さらに，フィルター機能を用いて検索したところ，これら294本の Article のうち，上記の用語をタイトルに含む論文は32本であった．これらをひとまず障害に関わる教育現象についての研究であると仮定した場合，その数は BJSE 全体の割合から見ればごく少数ということになる．だが，このことが示唆するのは，必ずしも障害を中心テーマとしてはいない，BJSE 掲載の論文の多くが，周辺的な位置づけにおいてであっても，何らかの形で障害に関わるトピックに言及してきたということである．この点は BJSE 以上に遥かに長い歴史をもつ日本の『教育社会学研究』において障害への言及が近年になるまでほとんど皆無であったことときわめて対照的である．

〈引用文献〉

Armstrong, D., D. Galloway and S. Tomlinson, 1993, "The Assessment of Special

Educational Needs and the Proletarianisation of Professionals," *British Journal of Sociology of Education*, Vol.14, No.4, pp.399-408.

Ball, S. J., 1990, *Markets, Morality and Equality in Education*, The Tufnell Press.

Banks, O., L. Barton, R. Dale, D. Hargreaves, R. Meighan I. Reid and G. Vulliamy, 1980, "Editorial," *British Journal of Sociology of Education*, Vol.1, No.1, pp.3-5.

Barton, L., 1986, "The Politics of Special Educational Needs," *Disability, Handicap & Society*, Vol.1, No.3, pp.273-290.（＝2014，佐藤貴宣訳「特別な教育的ニーズの政治」堀正嗣監訳『ディスアビリティ現象の教育学―イギリス障害学からのアプローチ』現代書館，pp.10-39.）

Barton, L., 2003, *Inclusive education and teacher education: A basis for hope or a discourse of delusion* (Inaugural Professorial Lecture Series), London: Institute of Education, University of London.

Benjamin, S., M. Nind, K. Hall, J. Collins and K. Sheehy, 2003, "Moments of Inclusion and Exclusion: pupils negotiating classroom contexts," *British Journal of Sociology of Education*, Vol.24, No.5, pp.547-558.

Berger, P., L. and Luckmann T., 1966, *The Social Construction of Reality*, Penguin Books（＝2003，山口節郎訳，『現実の社会的構成―知識社会学論考』，新曜社).

Bines, H., 1993, "Curriculum Change: the case of special education," *British Journal of Sociology of Education*, Vol.14, No.1, pp.75-90.

Finkelstein, V., 1993, "The commonality of disability," Swain, J., Finkelstein, V., French, S. and Oliver, M. eds., *Disabling Barriers: Enabling Environments*, Sage Publications, pp.9-16.（＝2000，長瀬修訳「障害（ディスアビリティ）の共通性」倉本智明・長瀬修編『障害学を語る』エンパワメント研究所，pp.59-74.）

二羽泰子，2015a，「『差異のジレンマ』を乗り越える学校教育の実践」『解放社会学研究』第29号，pp.7-24.

二羽泰子，2015b，「マイノリティに非排除的な学校への変容―制度と学校文化の視角から」『教育社会学研究』第97号，pp.25-45.

二羽泰子，2022，「終わりの見えない支援―特別支援教育におけるマイノリティをめぐるジレンマ」呉永鎬・坪田光平編『マイノリティ支援の葛藤―分断と抑圧の社会的構造を問う』明石書店，pp.205-233.

古川宇一，1978，「ある漁村の成人知的遅滞者の生活状況について―地域社会におけ

る精神薄弱問題の社会学的研究」『特殊教育学研究』第15巻第 3 号，pp.34-46.

Hacking, I., 1995, *Rewriting the Soul: Multiple Personality and the Sciences of Memory*, Princeton University Press. （＝1998，北沢格訳『記憶を書きかえる—多重人格と心のメカニズム』早川書房）.

原田琢也，2017，「日本のインクルーシブ教育の課題と大空小学校の挑戦—子どもを『くくり』で見ない思想とそれを支える協働的なシステム」『解放社会学研究』第31号，pp.56-81.

原田琢也，2023，「社会的に不利な状況にある子どもたちが『発達障害』とされていく仕組み—『障害』はいかに使われているのか」佐藤貴宣・栗田季佳編『障害理解のリフレクション』ちとせプレス，pp.85-121.

Heiskanen, N., M. Alasuutari and T. Vehkakoski, 2018, "Positioning children with special educational needs in early childhood education and care documents," *British Journal of Sociology of Education*, Vol.39, No.6, pp.827-843.

広瀬浩二郎，2005，「バリアフリーからフリーバリアへ—近代日本を照射する視覚障害者たちの"見果てぬ夢"」『文化人類学』第70巻第 3 号，pp.379-398.

堀家由妃代，2012，「特別支援教育の動向と教育改革—その批判的検討」『佛教大学教育学部学会紀要』第11集 pp.53-68.

堀智久，2011，「教育心理学者・実践者の教育改革運動と精神薄弱児の社会生活能力への着目—精神薄弱教育の戦時・戦後占領期」『社会学ジャーナル』第36巻 pp.81-100.

堀智久，2016，「できるようになるための教育から，どの子も一緒に取り組める教育へ—八王子養護学校の1970/80年代」『ソシオロゴス』第40巻 pp.41-63.

堀智久，2018，「『共生共育』の思想—子供問題研究会の1970年代」『障害学研究』第13巻，pp.195-220.

保坂克洋，2017，「発達障害児支援としての『予防的対応』—放課後児童クラブにおける相互行為に着目して」『教育社会学研究』第100集，pp.285-304.

保坂克洋，2022，「発達障害児と健常児をつなぐ実践—学童保育における指導員の相互行為に着目して」『子ども社会研究』第28巻，pp.141-161.

星加良司，2022，「合理的配慮は『社会モデル』を保証するか」飯野由里子・星加良司・西倉美季『「社会」を扱う新たなモード—「障害の社会モデル」の使い方』生活書院，pp.140-162.

猪瀬浩平，2005，「空白を埋める—普通学級就学運動における『障害』をめぐる生

き方の生成」『文化人類学』第70巻第 3 号，pp.309-326.

石川准，2000，「ディスアビリティの政治学―障害者運動から障害学へ」『社会学評論』第50巻第 4 号，pp.586-602.

金澤貴之，1999，「聾教育における『障害』の構築」石川准・長瀬修編『障害学への招待―社会，文化，ディスアビリティ』明石書店，pp.185-218.

金澤貴之，2003，「聾教育における『手話』の構築―A ろう学校の「聴覚手話法」構築過程から」『解放社会学研究』第17巻，pp.87-108.

苅谷剛彦・志水宏吉・小玉重夫，2012,「文化・権力・不平等と日本の教育―解説にかえて」ヒュー・ローダー他編／苅谷剛彦・志水宏吉・小玉重夫編訳『グローバル化・社会変動と教育 2 ―文化と不平等の教育社会学』東京大学出版会，pp.317-343.

金春喜，2020『「発達障害」とされる外国人の子どもたち―フィリピンから来日したきょうだいをめぐる，10人の大人たちの語り』明石書店.

木村晴美・市田泰弘，1995，「ろう文化宣言―言語的少数者としてのろう者」『現代思想』第23巻 3 号，pp.354-362.

木村祐子，2006，「医療化現象としての『発達障害』―教育現場における解釈過程を中心に」『教育社会学研究』第79集，pp.5-24.

木村祐子，2019，「選択としての発達障害と医療格差―発達障害児の親へのインタビュー調査から」耳塚寛明・中西祐子・上田智子編『平等の教育社会学―現代教育の診断と処方箋』勁草書房，pp.141-158.

清永賢二，1973，「特殊教育の社会学」『教育社会学研究』第28集，pp.152-157.

Koustourakis, G., 2018, "Analysing the curriculum for students with mild and moderate learning difficulties concerning the teaching of pre-vocational skills," *British Journal of Sociology of Education*, Vol.39, No.8, pp.1210-1225.

久保田裕斗，2018，「小学校における『共に学ぶ』実践とその論理」『ソシオロゴス』第42巻，pp.37-55.

久保田裕斗，2019，「小学校における『合理的配慮』の構成過程―障害児による『再参入の手続き』を中心に」『教育社会学研究』第105集，pp.71-91.

熊谷晋一郎，2020，『当事者研究―等身大の〈わたし〉の発見と回復』岩波書店.

桑原真木子，2005，「戦後日本における優生学の展開と教育の関係―終戦から1950年代の教育言説にみられる『その人の存在を脅かす能力主義』」『教育社会学研究』第76集，pp.265-285.

前田拓也，2006，「介助者のリアリティへ─障害者の自己決定／介入する他者」『社会学評論』第57巻第3号，pp.456-475.

松浦加奈子，2019，「発達障害児をめぐる『支援者─被支援者』の関係─通常学級における支援の担い手としての児童に着目して」『子ども社会研究』第25巻，pp.107-126.

三井さよ，2010，「生活をまわす／生活を拡げる─知的障害当事者の自立生活への支援から」『福祉社会学研究』7巻，pp.118-139.

三井さよ，2021，『ケアと支援と「社会」の発見─個のむこうにあるもの』生活書院.

水川喜文・中村和生・浦野茂，2013，「社会生活技能訓練におけるカテゴリーと社会秩序─自閉症スペクトラム児への療育場面のエスノメソドロジー」『保健医療社会学論集』第24巻第1号，pp.31-40.

Nind, M., R. Flewitt and J. Payler, 2010, "The social experience of early childhood for children with learning disabilities: inclusion, competence and agency," *British Journal of Sociology of Education*, Vol.31, No.6, pp.653-670.

西倉美季，2022，「当事者研究と『社会モデル』の近くて遠い関係」飯野由里子・星加良司・西倉美季『「社会」を扱う新たなモード─「障害の社会モデル」の使い方』生活書院，pp.30-70.

Oliver, C. and N. Singal, 2017, "Migration, disability and education: reflections from a special school in the east of England," *British Journal of Sociology of Education*, Vol.38, No.8, pp.1217-1229.

Oliver, M., 1985, "The Integration-Segregation Debate: some sociological considerations," *British Journal of Sociology of Education*, Vol.6, No.1, pp.75-92.

Oliver, M., 1990, *The Politics of Disablement: A Sociological Approach*, Macmillan. （＝2006, 三島亜紀子・山岸倫子・山森亮・横須賀俊司訳『障害の政治─イギリス障害学の原点』明石書店）.

Oliver, M., 1996, *Understanding Disability: From Theory to Practice*, Macmillan.

Oliver M. and C. Barnes, 2010, "Disability studies, disabled people and the struggle for inclusion," *British Journal of Sociology of Education*, Vol.31, No.5, pp.547-560.

御旅屋達，2017，「若者支援における『障害』の位置価」『教育社会学研究』第101集，pp.131-150.

Quicke, J., 1986, "A case of paradigmatic mentality?: A Reply to Mike Oliver," *British Journal of Sociology of Education*, Vol.7, No.1, pp.81-86.

Rogers, C., 2007, "Experiencing an 'inclusive' education: parents and their children with 'special educational needs'," *British Journal of Sociology of Education*, Vol.28, No.1, pp.55-68.

榊原賢二郎，2012，「社会的包摂と障害―『投棄』問題をめぐって」『年報社会学論集』第25号，pp.84-95.

榊原賢二郎，2013，「障害児教育における包摂と身体」『社会学評論』第64巻第3号，pp.474-490.

佐藤貴宣，2009，「〈進路問題〉をめぐる教育経験のリアリティ―盲学校教師のライフヒストリーを手がかりに」『解放社会学研究』第23号，pp.31-48.

佐藤貴宣，2013，「盲学校における日常性の産出と進路配分の画一性―教師たちのリアリティワークにおける述部付与／帰属活動を中心に」『教育社会学研究』第93集，pp.27-46.

佐藤貴宣，2018，インクルーシブ教育体制に関する社会学的探究―全盲児の学級参画とメンバーシップの配分実践」『フォーラム現代社会学』第17巻，pp.188-201.

佐藤貴宣，2019，「インクルージョン実践における［排除］の可能性―全盲児の学級参加をめぐる教師の経験とその論理」『教育学研究』第86巻2号，pp.287-299.

佐藤貴宣，2023，「インクルージョン実践への状況論的アプローチ―『コミュニティの相互的構成』と二つの生活形式」佐藤貴宣・栗田季佳編『障害理解のリフレクション―行為と言葉と行為が描く〈他者〉と共にある世界』ちとせプレス，pp.47-84.

澤田誠二，2007，「戦後教育における障害児を『わける』論理―1950年代から60年代の日教組の言説を手がかりに」『年報社会学論集』第20巻，pp.96-107.

柴垣登，2020，「特別支援教育対象児童生徒増加の要因についての考察―都道府県間の特別支援教育対象率の差異に着目して」『岩手大学教育学部研究年報』第79巻，pp.23-40.

志水宏吉，2002，『学校文化の比較社会学―日本とイギリスの中等教育』東京大学出版会.

篠宮紗和子，2019，「学習障害（LD）はいかにして『中枢神経系の機能障害』となったか―障害の原因論選択の議論における生物医学モデルと障害の社会モデルのせめぎあい」『教育社会学研究』第104集，pp.193-214.

篠宮紗和子，2020，「医学理論はいかにして教育制度に取り入れられるか―自閉症教育制度における脳機能障害説の位置づけ」『保健医療社会学論集』第31巻第1号，pp.51-61.

Simmons, B., 2021, "The production of social spaces for children with profound and multiple learning difficulties: a Lefebvrian analysis," *British Journal of Sociology of Education*, Vol.42, No.5-6, pp.828-844.

Smith, A. and K. Green, 2004, "Including pupils with special educational needs in secondary school physical education: a sociological analysis of teachers' views," *British Journal of Sociology of Education*, Vol.25, No.5, pp.593-607.

末次有加，2012，「保育現場における『特別な配慮』の実践と可能性―子ども同士のトラブル対処の事例から」『教育社会学研究』第90集，pp.213-232.

末次有加，2014，「『特別な支援』をめぐる保育士の解釈過程―公立S保育所の事例から」『子ども社会研究』第20巻，pp.47-60.

末次有加，2020，「〈自閉スペクトラム障害〉をめぐる解釈レパートリーの構築過程―幼稚園と親の会の共同性を中心に」『保育学研究』第58巻第2・3号，pp.241-252.

杉野昭博，2007，『障害学―理論形成と射程』東京大学出版会.

垂見直樹・橋本翼，2017，「『特別な支援』の受容に伴う保育現場の組織変容の萌芽」『保育学研究』第55巻第1号，pp.43-54.

天童睦子，2013，「欧米における教育社会学の展開―ポストモダニズムの課題を問う」石戸教嗣編『新版　教育社会学を学ぶ人のために』世界思想社，pp.45-70.

Tomlinson, S., 1982, *A Sociology of Special Education*, Croom Helm.

鶴田真紀，2007，「〈障害児であること〉の相互行為形式―能力の帰属をめぐる教育可能性の産出」，『教育社会学研究』第80集，pp.269-289.

鶴田真紀，2008，「自閉症児の言語獲得をめぐる相互行為系列―療育実践場面の分析を通して」『教育社会学研究』第82集，pp.205-225.

鶴田真紀，2018，「『発達障害のある子ども』における『子どもらしさ』の語られ方―『逸脱』を構成する概念装置」『子ども社会研究』第24巻，pp.77-91.

鶴田真紀，2021，「『自閉症児の親』の構成―療育の准専門家になることをめぐって」『教育社会学研究』第108集，pp.227-247.

堤英俊，2018，「知的障害教育の場への流れ込みの構造に関する考察―『発達障害の子ども』に着目して」『都留文科大学研究紀要』第88集，pp.59-74.

Veck, W., 2014, "Disability and inclusive education in times of austerity," *British Journal of Sociology of Education*, Vol.35, No.5, pp.777-799.

渡邊充佳，2016，「自閉症児の就学をめぐる母親の葛藤の構造」『社会福祉学』第57巻第2号，pp.57-67.

吉澤茉帆，2011，「教師の『障害』とのかかわりと認織―特別支援教育に携わる教師のライフヒストリーに着目して」『子ども社会研究』第17巻，pp.109-122.

藤墳　智一［著］

『次世代エンジニアを育てる自己決定学習の理論と実践』

横浜国立大学　新谷　康浩

　工学教育の分野は，大学教育の中でも特に仕事と教育内容との整合性が求められ，変化への適応が常に求められている。近年，学士課程答申や質的転換答申などで高等教育において主体的な学習者を育成することが求められるようになり，次世代エンジニア養成の工学教育もこの方向への転換を進めるべきであるという。著者は優れた労働者の選考ポイントに自己決定学習による研鑽があるのではないかと想定し，それが大学教育の中で行われている実態を明らかにしようとしている。著者は自己決定学習を「学習者自身が学習を計画し，学習者自身が内容を決定する学習スタイル（p.18）」と定義している。これを通して，工学系の学部教育改革を推進する意義と効果を検証しようとしている。

　第1章「大学教育と仕事の間にある連続と断絶に関する仮説」では，変化への適応力を身につける未来の学習として自己決定学習の可能性に着目し，次世代エンジニアに求められる資質能力が自己決定学習で得られるのではないかと推測し，自己決定学習の意義と効果を明らかにする著者全体を貫く仮説を提示している。

　第2章「次世代のエンジニア像」では，次世代のエンジニアに求められる資質能力を答申などの文献調査から検討している。それを通して，自己決定学習への転換が中教審の答申に組み込まれてきた経緯を提示し，その背景にコンピテンシー再定義に関する国際的潮流があったことを指摘している。

　第3章「仕事におけるエンジニアの能力開発」では，IT企業に勤める人へのインタビューと公表されている統計データから，企業が課題解決に対して企業が次世代エンジニアに求めているコンピテンシー及び，企業が実施する能力開発の実態を明らかにしている。

　第4章「産学連携プロジェクトの学習効果」では，工学部の産学連携プロジェクトとして行われている卒業研究の事例分析から，自己決定学習の効果を促進する要因を明らかにしている。これは第6章の量的研究の仮説につながっている。

　第5章「工学部における自己決定学習の事例」では，学部教育で採用されている自己決定学習の実態を明らかにしている。学術雑誌『工学教育』の記事の内容分析から，自己決定学習を実施している学部の組織，カリキュラム，科目の傾向を検証している。

　第6章「工学部における自己決定学習の促進要因」では，全国学生調査の分析から工学系学部の傾向を検証したうえで，4つの地方大学調査のデータ分析で自己決定学習を促進する要因を詳細に分析している。

第7章「結論：自己決定学習における次世代エンジニアの育成」では，ここまでのまとめとそれに基づくカリキュラムを提案している。

工学教育を対象とした歴史研究を行ってきた評者にとって，現状を丁寧に分析した本書の研究は大変参考になるものであり，これまで相対的に職業との結びつきが強いと語られてきた工学教育であっても，さらなる改革が求められていることが読み取れる。また6章で明らかにされた「工学系学部では，積極的な自己決定学習者がどの機関にも比較的均等に分布している（p.148）」，「高い教育効果があると考えられてきた研究室教育がかならずしも圧倒的な影響力を与えるものではない（p.164）」，などの知見は，旧来の工学教育の評価そのものを見直す契機にもなりうるものであろう。

一方で，評者にとって本書の知見の解釈には多少気になる点もあった。歴史的に工学系学部は教育知を決定するステークホルダーのひとつであって，外部の要求をそのまま受け入れる機関ではなかった。外部からの要請を部分的に受け入れつつも教育機関自らの論理に落とし込むことで，自律性と対外評価の両立を図ってきた。著者が取り上げたケースは工学系教育全体の理想論というより，自己決定学習に適合的な特殊事例という解釈が私にはしっくりくる。たとえば現在のITエンジニア養成の場合も，学術ベースの方法科学である情報処理学会のJ17（情報専門学科におけるカリキュラム標準）と，職業資格であるITSSのスキル標準どちらをどの程度組み込むかは教育機関によって異なっている。

また本書は，学士課程に着目しているが，工学系の場合38.2％が大学院に進学している（学校基本調査令和4年度）。大学院進学者についても同様に学士段階こそ自己決定学習が大切なのであろうか。今回扱った調査事例は地方大学（第4章や第6章）が中心であり，大学院進学者層と学部進学者層との比較検討には踏み込んでいない。今後これを比較していただければ，エンジニアのキャリアにとって自己決定学習がどの段階で重要なのか，いずれの段階でも重要なのだとすれば，それぞれの段階での自己決定学習の差異はどこにあるのかという詳細がわかるのではないだろうか。今後の研究にさらに期待したい。

◆A5判　221頁　本体5000円
九州大学出版会　2023年3月発行

大江　將貴［著］
『学ぶことを選んだ少年たち：非行からの離脱へたどる道のり』

神田外語大学　知念　渉

　本書は，そのタイトルにある通り，矯正施設を経て教育機関へと移行していく非行経験者を対象に行ったインタビュー調査をもとに，「学校（小学校・中学校）から矯正施設を経て教育機関へ」（p.11）という過程を描き出すものである。

　構成は以下のとおりである。まず序章で，少年院の出院者数の推移や出院者の進路状況の変化等を確認したうえで，本書の目的と独自性が述べられる。本書の独自性は，矯正施設入所以前（の学校での経験），矯正施設在籍時，矯正施設退所後という時系列に沿って少年たちの経験を捉えること，方法として質的縦断調査を行なっていること，非行からの離脱過程の只中にいる少年たちを調査対象にしていること，という3点が挙げられている。第1章では，本書の関心に接続しうる研究群，すなわち，犯罪・非行からの離脱に関する研究，学校と非行に関する研究，課題集中校に関する研究，若者の移行に関する研究がこれまで蓄積してきた知見を整理し，分析課題がより具体化される。

　第2章から第5章までは，調査データに基づいて分析が展開される。第2章では調査の概要が述べられ，本書のデータが，A更生保護施設に在籍している／していた7名の男子少年へのインタビュー調査によって得られていることが

確認される。第3章では矯正施設入所以前の学校経験が分析されている。そこでは，対教師や生徒同士でトラブルを経験する一方で，「親友」や交際相手の存在によってポジティブな学校経験を有している側面があることが明らかになる。第4章は，少年院在籍時の経験と進路希望の形成過程が分析されている。進学希望を有する少年たちは，少年院に入所したかなり早い段階からそのような希望を抱いていた。それは見方を変えれば，「少年個人が少年院以前に，もともと有していた教育アスピレーションに依存する状況が生じている可能性」（p.90）があるということでもある。第5章は，矯正施設退所後に教育機関へと移行した少年たちの経験に焦点が当てられる。教育機関に入学する前に抱いていた期待とはやや異なり，「普通の高校生」になれない苦悩が描き出されている（Cさんの経験として後述する）。

　終章では，これらの知見をふまえて学問的示唆や実践的示唆について述べられている。ここで取り上げるべきは，本書の「教育社会学研究に対する示唆」であろう。筆者によれば，非行少年たちは，「『高卒学歴』が社会でどのような意味を持つのかを理解している」（p.127）。その意味で，「非行少年にもメリトクラシー社会が浸透してきている」のであり，

このことは「日本社会におけるメリトクラシー社会の広がりを示唆する」（p.128）と結論づけられている。

　本書では，矯正施設から教育機関へと移行していく元非行少年という，これまで光を当てられてこなかった対象に，手堅い分析が展開されている。矯正施設入所以前・入所中・入所後という時系列で彼らの経験を追尾するという構成は非常にわかりやすい。更生保護施設を取り上げている研究としても貴重である。少年院において高卒認定試験の受験が可能になるなど修学支援が重視されるようになった今日的文脈において重要な貢献を果たす一冊となるだろう。

　本書を通読して評者がもっとも印象深かったのは，Cさんの学校に対する期待や思いである。Cさんにとって，全日制の高校へ通うことは「10代の健全の象徴みたい」（p.85）であり，「青春じゃないですけど，そういう生活。ずっとまだ憧れてるとこがある」（p.100）。だからこそ，Cさんにとって進学する高校は通信制や定時制ではなく全日制でなければならなかった。全日制に「憧れ」を抱くCさんは，2度目の受験で念願の全日制高校に合格した。入学後「学校生活，楽しいですね」と語るCさんだったが，卒業前には，「正直半分後悔してますね，学校」といい，「少年院っていうのを言わなくても，やっぱ雰囲気で一線引かれちゃったり」した経験から「しんどい」と語るようになっていた（pp.113-115）。

　Cさんはなぜここまで全日制にこだわったのだろうか。Cさんが経験した高校での「しんどさ」とはなんだったのだ

ろうか。Cさんが求めたものは，「高卒学歴」だったのだろうか。おそらく，Cさんが「普通の高校生」になることを目指したのは，日本社会において学校に通うことが「高卒学歴」を獲得すること以上の意味を持つからだ。そうであるとするならば，Cさんの語りからは，「非行少年にもメリトクラシー社会が浸透してきている」（p.127）こと以上の意味を読み取るべきではないだろうか。

　本書に登場する少年たちの語りを読むと，進学希望といっても，「親孝行」（Aさん），「高卒は一応取ったほうがいいかなって思って」（Gさん），保育士の資格を取りたい（Dさん）というように，その内実はさまざまであることがわかる。その細部に切り込んだ筆者の深い分析・考察を読みたかったというのが，評者の率直な感想である。とはいえ，評者がこのように考察を展開できるのは，本書が進学を希望する非行少年たちについて論じる地平を切り開いてくれたからである。日本社会における学校の役割について考えたい全ての人に読んでほしい一冊である。

野辺　陽子［編］，元森　絵里子，野田　潤，日比野　由利，三品　拓人，
根岸　弓［著］
『家族変動と子どもの社会学：
子どものリアリティ／子どもをめぐるポリティクス』

京都大学　藤間　公太

　本書は，「家族の個人化」をめぐる議論において子ども自身の経験や解釈への言及が少なかったことを踏まえ，「子どものリアリティを子どもをめぐるポリティクスとの関連で社会学的に読み解く」ことで「家族の個人化の下に語られてきた多様な親子関係・ケアに関する議論に新たな論点を提示することを目指している」。ここでのリアリティとは「主観的経験や解釈実践など」を，ポリティクスとは「複雑な文脈と効果など」を意味するものとされる（pp.iii-iv）。本書の理論的な問いは，「①子どもは現在の家族の個人化（親の個人化）や自身の「準主体化」をどのように経験しているのか。②子どもは「子どものため」の制度・実践・価値観（家族規範，子ども観など）をどのように経験しているのか」である（p.3）。

　各章の概要は以下の通りである。序章では，本書全体の問題関心が詳述され，（1）子どものリアリティ構成，（2）語りをめぐるポリティクス（語りが生成される文脈と語りが利用される文脈），（3）分析対象としての「子どものため」という，3つの視点を採用することを宣言する。第1章では，「「子ども」と「子どものため」をめぐる理念と現実の記述

や分析，更にはその際の理論的視角」を家族研究に開くための基盤として，「既存の日本の子ども研究」の整理と，「欧州子ども社会学（sociology of child-hood）」の知見の紹介がなされる。結論部では，現実の多様な家族と多様な子ども観・子ども期（childhoods）を地道に記述していくことの必要性が提示される。第2章では，離婚における「子どものため」という語りに注目し，その論理の複雑性と多元性を明らかにすることが試みられる。『読売新聞』の身の上相談欄を対象とした分析からは，家族の対等性という問題の困難さと，「だからこそ，私たちは「子ども」や「子どものため」が非常に多義的であることを丁寧にくみ取っていく必要がある」（p.91）ことが示される。第3章では，「第三者」を利用した家族形成をめぐって，親と子どもの立場の相違や語り，およびその背後にあるポリティクスを明らかにすることが試みられる。「出自を知る権利」が当事者にとってはアンビバレントな面もあるといった知見から，今後「多様な家族」がかなりの程度普及しても，「普通の家族」という規範や，「あるべき家族」と「それ以外の家族」という主従関係は残り続けるだろうとの予想が提示される。

第4章では，児童養護施設で暮らす子どもを取り巻く人間関係について，G. Allan の友情関係（〈友人〉）と仲間関係（〈仲間〉）という概念を援用しながら分析がなされる。分析結果を踏まえ，「子どもの意見表明」に対していくつかの論点が提示されるとともに，「意見を表明する〈場〉」そのものに制約がある可能性に注意が促される。第5章では，被虐待児がエイジェントや支援者の「子どものため」をどのように経験しているのかが問われる。「参加」から排除されることも形式的に「参加」の機会が用意されることも当事者には否定的にとらえられることや，児童福祉法に規定された年齢がもたらす問題が示され，「消極的な関わりや関係の選択性も提案できる」（p.195）ことが指摘される。終章では，各章から得られた知見も踏まえつつ，2つの「新たな論点」が提示される。第1に，親子関係をめぐる根強い家族規範に関する論点であり，「親子関係の相対化には閾値があるのではないか」（p.214）という問いである。第2に，親など元の養育者が不在になった場合の子どものケアに関する論点であり，子どものケアは「子どもの個人化」「自己決定」「選択」という議論と不可分であることである。

本書の議論が重要であることは疑いようがない一方，終章で示された「新しい論点」が，子どものリアリティとその背後にあるポリティクスに着目したからこそ導かれたと言えるのかについて，評者は十分に理解できなかった。一見すると「多様化した家族」と思えるフィールドに家族規範が強固さに立ち現れてくるこ

とは，本書の編者である野辺や著者の一人である三品による仕事も含め，複数の研究で議論されてきたことのように思う。また先行研究においても「親子関係は完全に相対化が可能である」とまでは想定されておらず，だからこそ多くの研究が家族規範の様態とその超克に向けた方策について，それぞれ事例研究に基づく分析的一般化を試みてきたのではないだろうか。さらにケアの脱家族化と子ども本人の主体性や選択の問題も，これまで全く議論されてこなかったとは言い難いように評者には思える。こうした評者の疑問は，「『家族の個人化論』への批判と『子どもを対象とした家族社会学』への批判が混同されているのではないか」とまとめることができるかもしれない。

とはいえ，先述の通り本書が重要な知見を導いたものであることには疑いない。これまで難しいとされてきた子ども自身のリアリティに迫ることに成功している点で，本書が持つ方法論上の貢献も高く評価されるべきである。著者一同に敬意を表するとともに，ぜひ多くの人に一読を勧めたい。

呉永　鎬，坪田　光平［編著］
『マイノリティ支援の葛藤：分断と抑圧の社会的構造を問う』

札幌国際大学　小内　透

　本書は「マイノリティに対する支援が，どのように始まり，継続し，そして終わるのか」を主たる問いとして，支援の「開始局面」「継続局面」「終了局面」の3部から構成される。前後に序章と終章が配置され，その間に4つのコラムも加えられる。

　序章で，地域や年代の異なる様々なマイノリティの困難や支援の共通点や差異を，非対称性，地域性，公共性の視点から7つの章で明らかにするとの方針が示される。

　第Ⅰ部第1章では，福島県白沢村における母子の生存保障を実現するに当たって，1960年代の母親運動が紡いだネットワークが青年団活動の取り組みにつながり，母子健康センターの開所という公的支援制度の実現に大きな役割を果たしたことが明らかにされる。第2章では，外国人女性とその子どもに対する秋田の女性ボランティア団体の1980年代を中心にした活動の分析を通して，外国人女性には「女性」，その子どもに対しては「障害」という切り口によって政策提言活動を進めていったことが明らかにされる。「女性」や「障害」をもつ子どもへの支援はマジョリティ側にも意義をもつため，バックラッシュをかわす狙いもあったのではと指摘される。

　第Ⅱ部の第3章では，京都朝鮮学校で

の保健室と保健の授業の取り組みが対象になる。この学校では，2015年に公立高校元養護教諭が保健室でボランティア活動を始めたのをきっかけに，健康診断や保健の授業の開設等が進んだことが示される。しかし，個人の善意をベースにした支援には限界があり，公的な支援が求められる実態が浮かび上がる。第4章では，新宿区の外国人支援活動とボランティアの役割が検討される。同区では様々な外国人支援制度が構築され，2021年度の多文化共生関連施策は119にも及んでいる。それでも，ボランティアには制度を点検する役割，見えにくいニーズをくみ取り制度化を促す役割，制度化に到らないニーズに対応する役割があることが明らかにされ，支援が制度化されるだけでは問題は解決しないことが示唆される。第5章では，2007年開始の特別支援教育が取り上げられ，対象が知的に遅れのない発達障害に拡大されたため，「障害児」とされる児童・生徒は増加傾向にあるとされる。その背後に，マジョリティ側の学校文化で承認できない子どもを特殊な存在と見なす，支援する側の学校現場のあり方が存在し，対象とされた児童・生徒には支援と引き換えに「障害児」というスティグマが強化されるジレンマが存在すると指摘される。

　第Ⅲ部第6章は，2009年に廃止された

京都市の同和地区における隣保事業を取り上げる。京都市が設置した総点検委員会が隣保館での相談事業のデータをもとに分析を行い、その結果をふまえて隣保事業が廃止された。しかし、当事者たちからの同和地区の生活実態調査の要望を無視したプロセスは、「政治」的なものであったと断じられている。第7章は、1950年代前半の岩国の教師・中原ゆき子の挑戦を取り上げる。中原は米軍基地がある岩国で米兵による暴力や「性売女性」が多く存在する環境で過ごす「基地の子ども」を守る活動を始めた。当初は、「性売女性」の一掃を主眼とした主張や活動を展開したが、彼女たちに接する中で米軍や米兵への批判、女性だけが罰せられる女性差別への批判という「根本的な批判」を展開するようになった。この段階で、教職員組合との関連も問題視され、市外の学校へ転勤となり活動が終焉したとされる。

　最後に、終章ではマイノリティ問題の改善・解決の見通しが「やや雑駁な掴みとなっている」点を認め、「あまりにも多くの要因が複雑に絡み合い、全方位的であ」るためだとされる。今後、マイノリティ支援の担い手である支援者の役割やマイノリティ支援の制度化あるいは制度化されたマイノリティ支援が抱える葛藤を顔の見える関係の中で明らかにすることが重要だと指摘する。

　本書の最大のメリットは、様々なマイノリティとかれらへの支援を対象として取り上げた点にある。従来は、特定のマイノリティと支援を検討の対象にすることがほとんどであった。実際には、様々なマイノリティが存在しており、より現実に即した対象の設定にしたと考えられる。

　他方で、結論として共通性を見出すことには、必ずしも成功し切れていない。終章ではマイノリティに対する構造的な抑圧や差別と支援者たちの類縁性が指摘される。しかし、その内実は示されておらず、各章の論文を読んでもうまく理解できなかった。それは、対象の選択にも関係しているように思われる。時代や地域や特性の異なる対象を取り上げた理由が説得的に説明されていない。序章や終章で、マイノリティやかれらの支援に関わる論点を様々な形で検討しているものの、各章でそれらの論点が明示的に検討されているようには思えなかった。

　それにしても、様々なマイノリティの問題を取り上げ、そこに通底する共通性や差異を検討しようとする試みは、高く評価されるべきだと思われる。本書の出版は、終章で述べられているように、「次なる一歩を踏み出すために」必要な作業だったに違いない。

日本教育社会学会　研究倫理宣言

　日本教育社会学会および会員は，人間の尊厳を重視し，基本的人権を尊重すべき責任を有している。その活動は，人間の幸福と社会の福祉に貢献することを目的とする。

　会員は，学問水準の維持向上に努めるのみならず，教育という人間にとって枢要な営みを対象としていることを深く自覚し，自らの行為に倫理的責任をもたなければならない。

　会員は，学問的誠実性の原理にもとづき，正直であること，公正であることに努め，他者の権利とその成果を尊重しなければならない。

　会員は，専門家としての行為が，個人と社会に対して影響があることを認識し，責任ある行動をとらなければならない。

　学会および会員は，この宣言を尊重して行動し，宣言の精神を広く浸透させるよう努めなければならない。

2001年10月8日

日本教育社会学会

●投稿規定

『教育社会学研究』に投稿する論文は，次の規定に従うものとする。

1．投稿者は，日本教育社会学会の会員であること。

2．日本教育社会学会倫理規程に則り，論文を投稿すること。

3．論文は未発表のもので，かつ内容がオリジナルなものであること。ただし，口頭発表及びその配布資料はこの限りでない。投稿論文と目的・方法・知見等の面で重複している論文，調査報告，ディスカッション・ペーパー等をすでに発表（予定を含む）している場合は，その PDF ファイルをすべて添付した上で投稿すること（第 9 項(4)(5)を参照）。

4．「拙著」「拙稿」などの表現や，研究助成，共同研究者への謝辞など，投稿者名や所属機関が判明，推測できるような表現は控える。ただし，これらの記載が必要な場合は，採択決定後に加筆することができる。

5．論文原稿は日本語，横書きとし，ワープロで作成するものとする。作成にあたっては，学会ホームページ（http://www.gakkai.ne.jp/jses/）のテンプレートも参考に，次の点を厳守すること。

   (1) 本文，図，表，注，引用文献を含めて A 4 判（37字×32行）で18頁以内とする。なお，論文題目は，これらとは別の要旨ファイルに記載すること（第 9 項(1)(2)を参照）。

   (2) 全角文字の大きさは10〜11ポイントとし，余白を「上30ミリ，下40ミリ，左右30ミリ」取ること。

   (3) 書式は『教育社会学研究』に従って，1 頁目以降「37字×32行」として執筆し，ページ番号をつける。ただし要旨は頁数にカウントしない。

   (4) 本文には，適宜，見出しおよび小見出しをつける。見出しの前後には 1 行のスペースを入れ，小見出しの場合には，前に 1 行のスペースを入れる。

   (5) 「注」および「引用文献」の前にも 1 行のスペースを入れる。

   (6) 「本文」「注」および「引用文献」は，全角文字を使用する。

   (7) 欧文，および算用数字は，半角文字を使用する。

   (8) 図，表は，本文中の適切な箇所に，自らレイアウトし作成すること（「画像としての貼り付けも可」）。なお，図表のある頁も，(2)における余白指定に従うこと。

   (9) 規定枚数を超過した論文は受理しない。

6．注（引用文献は除く）は文中の該当箇所に，(1)，(2)，……と表記し，論文原稿末尾にまとめて記載する。

7．引用文献の提示方法は，原則として次の形式に従うこと。

   (1) 本文中では，次のように表示する。
   「しかし，有田（1990，p.25）も強調しているように……」
   「……という調査結果もある（Chiba 1989，Honda 1990a）」
   「デュルケームによれば『……ではない』（Durkheim 訳書1981，pp.45-46）」

   (2) 同一著者の同一年の文献については（Honda 1990a, 1990b）のように a，b，c，……を付ける。

   (3) 文献は，邦文，欧文を含めてアルファベット順とし，以下の例に従って注の後にまとめて記載する。翻訳書・翻訳論文については，原典の書誌情報を記載

する。

有田祐子，1990，『教育社会学』西洋館出版。

Chiba, Masao, 1989, *Sociology of Education in Japan*, US Press.

Durkheim, Emile, 1938, *L'évolution pédagogique en France*, Librairie Félix Alcan, 2 vols. (=1981, 小関藤一郎訳『フランス教育思想史』行路社).

Honda, Naoki, 1990a, *Sociology of Education*, Tokyo Press.

―― 1990b, *Sociology of school*, Japan Press.

井上敏子，1990，「教育社会学の展望」『教育社会学研究』第50集，pp. 10-25.

Maeda, Taichi, 1990, "Schooling in Japan," *American journal of sociology*, Vol. 62, No. 3, pp. 5-18.

Tachibana, Kaoru, 1990, "Recent Trends in the Sociological Studies of Education," T. Yamada ed., *Sociology of Education*, UK Press, pp. 17-28.

東洋一郎，1990，「教育社会学の反省」山田太郎編『教育社会学講座1　教育社会学の方法』南洋館出版，pp. 10-25.

8．締切日時は5月10日および11月10日とする（日本時間23：59まで有効）。

9．論文は，学会ホームページの「オンライン投稿システム」からログインし，指示に従って投稿する。投稿に必要な提出物は以下の通りとする（要旨は日本語と英語の両方が，『教育社会学研究』に掲載される）。なお，提出物に不備のある場合は受理しない。

(1) 要旨：　日本語の論文題目・要旨600字以内・キーワード3語，および英語の論文題目・要旨500語程度・キーワード3語を，それぞれ記載する。

(2) 論文原稿：　ページ番号をつける。ただし(1)の要旨は頁数にカウントしない。

(3) 連絡先：　日本語と英語の両方で，名前・所属機関名・連絡先（郵便番号，電子メールアドレスを含む）を記載する。

(4) 投稿論文と目的・方法・知見等の面で重複している論文，調査報告，ディスカッション・ペーパー等をすでに発表（予定）している場合は，その PDF ファイル（第3項を参照）。

(5) 上記(4)に相当する論文等がある場合には，投稿論文におけるそれらとの共通点・相違点について説明した書面の PDF ファイル（A4判1枚）。

10．原稿は返却しない。

11．本誌に掲載された論文等の著作権については，本学会に帰属する。また，著作者自身が，自己の著作物を利用する場合には，本学会の許諾を必要としない。採択された論文等は科学技術振興機構 J-STAGE に公開される。

12．問い合わせ先：〒113-0021　東京都文京区本駒込5 -16- 7
　　　　東洋館出版社内　日本教育社会学会編集委員会
　　　　Tel：03-3823-9207　E-mail: kyosha@toyokan.co.jp

＊本誌の英文要旨は Sociological Abstracts 等に収録され，英文要旨の著作権は同誌が保有する。ただし，収録の際に同誌で英語表現の修正や短縮などを行う場合がある。

編集後記

　『教育社会学研究』第113号をお届けします。今号の投稿論文数は27本、うち、受理された論文数は24本でした。採択された論文は今号に掲載された3本ですので、採択率は12.5％と厳しいものになりました。もちろん、今回、採択された論文はたいへん優れたものです。ですが、採択されなかった論文の中にも、もう一歩で採択される論文が多数ございます。ぜひ修正の上、再投稿していただきたいと思います。

　また、残念ながら今号でも3本の論文が投稿規定違反で不受理になりました。学会のホームページにテンプレートがございますので、投稿論文を執筆される際にはテンプレートをお使いください。なお、テンプレートを使用しても環境によって行数、文字数などが変わってしまうことがあります。テンプレートを使用される際にも、必ず規定にしたがっているかどうかをご確認ください。

　今号は研究レビューを掲載しております。木村祐子氏、鶴田真紀氏、末次有加氏、佐藤貴宣氏による「障害児教育に関する社会学的研究の動向」です。教育社会学研究における障害児教育の最前線となる論文です。これからの教育社会学研究をさらに発展させる一助になるものと確信しております。

（前編集委員長：山田　浩之）

〈前編集委員〉　山田浩之（長）／古田和久（副）／山田哲也（副）／有本真紀／石黒万里子／伊藤秀樹／小方直幸／香川めい／鍛治致／片山悠樹／加藤隆雄／加藤美帆／木村祐子／葛城浩一／小針誠／須藤康介／髙橋靖幸／多喜弘文／坪井瞳／坪田光平／德永智子／中西啓喜／西本裕輝／広瀬裕子／藤田由美子／藤原翔／松田洋介／丸山和昭／森一平／保田時男

きょういくしゃかいがくけんきゅう　だい　しゅう
教育社会学研究　第113集

2023年12月20日

編　者　一般社団法人　日本教育社会学会
　　　　編集委員会委員長　倉石一郎

発行者　一般社団法人　日本教育社会学会
　　　　会　長　酒井　朗
　　　　東京都豊島区東池袋2-39-2-401（〒170-0013）
　　　　ガリレオ学会業務情報化センター内
　　　　TEL.03（5981）9824, FAX.03（5981）9852
　　　　振替 00160-3-515784
　　　　URL.https://jses-web.jp

発行所　株式会社　東洋館出版社
　　　　東京都千代田区神田錦町2-9-1（〒101-0054）
　　　　コンフォール安田ビル2階
　　　　Tel. 03（6778）7278, Fax. 03（5281）8092
　　　　振替00180-7-96823
　　　　URL.https://www.toyokan.co.jp

印刷・製本　藤原印刷株式会社　ISBN978-4-491-05473-5
Printed in Japan